正面管教，
帮孩子改正
不良行为

蔡子萱◎编著

中国纺织出版社有限公司

内容提要

孩子在成长的过程中会做出很多不良行为，对于这些不良行为，父母固然急于让孩子改正，却也要遵循孩子成长的节奏，以符合孩子成长规律的方式引导孩子积极地改变。父母要改变被动的养育模式，以积极的养育模式对待孩子。

孩子在成长的过程中必然会犯错，父母唯有对孩子坚持正面管教，才能给予孩子引导和帮助。对于孩子的成长而言，犯错是不可避免的，所以父母更要保持良好的心态，认识到不经历无以成经验的道理，从而陪伴孩子走过成长的岁月。

图书在版编目（CIP）数据

正面管教，帮孩子改正不良行为 / 蔡子萱编著 .--北京：中国纺织出版社有限公司，2022.6
ISBN 978-7-5180-8468-5

Ⅰ.①正… Ⅱ.①蔡… Ⅲ.①家庭教育 Ⅳ.①G78

中国版本图书馆CIP数据核字（2021）第057441号

责任编辑：王 慧　责任校对：高 涵　责任印制：储志伟

中国纺织出版社有限公司出版发行
地址：北京市朝阳区百子湾东里A407号楼　邮政编码：100124
销售电话：010—67004422　传真：010—87155801
http://www.c-textilep.com
中国纺织出版社天猫旗舰店
官方微博http://weibo.com/2119887771
三河市延风印装有限公司印刷　各地新华书店经销
2022年6月第1版第1次印刷
开本：880×1230　1/32　印张：7
字数：116千字　定价：39.80元

凡购本书，如有缺页、倒页、脱页，由本社图书营销中心调换

前 言

作为最爱孩子的父母,从来都不愿意与孩子发生矛盾或者冲突,当孩子的表现不尽如人意的时候,如果父母没有更好的方法引导孩子,让孩子的行为表现达到自己的要求,未免会感到抓狂。既手足无措,又对孩子怀有极大的愤怒,甚至在冲动之下做出伤害孩子的行为,这显然是每一位父母都不愿意看到的糟糕情况。

如果有一种非常有效的方法,不但不会伤害孩子,反而会起到良好的效果,促使孩子与父母进行合作,也能够督促且激励孩子更加自律,还能够帮助孩子形成责任感,最终助力孩子解决问题,那么父母是否愿意学习并且掌握这种方法呢?

有些父母也许会说,世界上根本没有这样的方法,因为孩子总是问题频出,状况不断,实际上,这是因为父母没有用心地寻找方法。在这本书里,我们想要介绍的就是这样的正面管教法。这种方法并不是针对特定年龄阶段的孩子提出来的,它是一种可以用在所有孩子身上的先进教育理念。如果父母能够掌握这样的教育理念,那么就可以从容地教养各个年龄段的孩子。不管孩子身上出现怎样的问题,父母都能够通过这种方法给孩子以及时、有效的帮助和指引。

现代社会中,越来越多的父母都开始关注正面管教的教育理念,而且非常积极,热衷于进行实践。在真正地把这种教

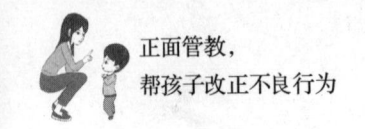

育方法运用在孩子身上，并且亲眼证实产生了良好的效果时，父母们一定会感到欣喜，毕竟我们最终的目的是把孩子培养成人，让孩子能够真正成才，而不是伤害孩子。哪怕只是以语言给予孩子的内心以重创，都是我们不忍心看到的。

在实行正面管教的理念之前，父母们还应该达成一个共识，那就是作为父母，我们都应该给孩子营造充满爱与自由的环境。我们最终的目的是要让孩子成为最好的自己，而不是成为更好的他人，或者是我们所期待的样子。这就要以尊重孩子为前提，让孩子自由成长。

现实生活中，很多父母因为孩子在行为上出现的各种问题而无奈，他们原本对教育孩子充满了自信，甚至有些过于高估了自己，但是却在教育孩子过程中频频受挫，失去了信心，这也是一种非常糟糕的状态。不管什么时候，父母与孩子都是家庭的主体，都是密切相关的。从现在开始，我们就应该改变被动的养育模式，而以积极的养育模式对待孩子，由此成为充满信心的父母。我们应该和善坚定地面对孩子出现的一切问题，给予孩子有效的教导。

编著者

2021年8月

目录

第一章　什么是正面管教
　　　　——父母可以用正面管教法做些什么　‖001

　　想好怎么做　‖002

　　少说多做　‖005

　　坚持到底才是胜利　‖010

　　让孩子改正错误比惩罚孩子更重要　‖013

　　你需要更好的沟通技巧　‖017

　　适度期待　‖021

第二章　搞定熊孩子
　　　　——纠正孩子那些让人尴尬的行为　‖025

　　孩子为何变成了暴力狂　‖026

　　咬人就要被缝上嘴巴吗　‖030

　　孩子当众撒泼打滚怎么办　‖034

　　孩子说脏话怎么办　‖037

　　孩子是个"人来疯"怎么办　‖041

　　孩子吮吸手指为哪般　‖045

第三章　学会和谐相处
　　　　——纠正孩子社交中的不良行为　‖049

　　培养孩子诚实守信的优秀品质　‖050

让孩子充满同情心 ‖053

帮助孩子改正欺凌弱小的行为 ‖058

提醒孩子不要在背后议论他人 ‖062

培养孩子尊重长辈的好习惯 ‖065

教会孩子不打人、不骂人 ‖069

第四章　学会自我安抚
——帮孩子改掉坏脾气 ‖073

如何对待爱耍赖的孩子 ‖074

当孩子把撒娇当成杀手锏 ‖078

孩子爱哭鼻子怎么办 ‖082

孩子的脸，五月的天 ‖085

孩子畏难怎么办 ‖089

孩子不肯独立睡觉怎么办 ‖093

第五章　一分耕耘一分收获
——纠正孩子学习中的不良行为 ‖097

孩子不愿意学习怎么办 ‖098

孩子沉迷于课外读物怎么办 ‖103

孩子缺乏专注力怎么办 ‖107

孩子动辄逃学怎么办 ‖111

孩子在学习上无故拖延怎么办 ‖115

孩子不能主动完成家庭作业怎么办 ‖118

第六章　给孩子满满的安全感
——纠正孩子的不良心理习惯 ‖123

孩子爱猜疑怎么办 ‖124

孩子为何喜欢打小报告 ‖128

孩子骄傲自满怎么破解 ‖132

孩子为何喜欢撒谎 ‖135

孩子为何热衷于搞恶作剧 ‖139

第七章　健康谈"性"
——纠正孩子的不良性心理 ‖143

孩子偷看黄色书刊和网页信息怎么办 ‖144

孩子早恋怎么办 ‖146

孩子出现性敏感行为怎么办 ‖149

孩子手淫怎么办 ‖152

孩子偷尝禁果怎么办 ‖154

第八章　品性决定人生
——纠正孩子的不良品行 ‖159

规范孩子的行为 ‖160

引导孩子遵守纪律和规则 ‖164

教会孩子拾金不昧　‖167

避免孩子偷拿他人东西　‖170

教会孩子珍惜粮食　‖173

第九章　孩子别害怕
——帮助孩子战胜胆小的心理　‖177

孩子出现生长痛怎么办　‖178

正确对待孩子的口吃　‖181

鼓励孩子勇敢　‖183

尊重孩子的成长节奏　‖187

帮助孩子克服紧张心理　‖190

引导孩子正确面对死亡　‖194

第十章　习惯造就生活
——纠正孩子的不良行为习惯　‖199

让孩子不再霸道　‖200

培养孩子按时吃早餐的好习惯　‖202

培养孩子均衡饮食的好习惯　‖205

培养孩子正确的消费观　‖209

让孩子学会收拾　‖212

参考文献　‖216

第一章
什么是正面管教——父母可以用正面管教法做些什么

在孩子成长的过程中,父母任重道远,既要帮助孩子健康茁壮地成长,让孩子在爱与自由的环境中找到归属感,与家人之间建立紧密的连结,又要教会孩子生活的技能,还要帮助孩子感受和表达爱。总而言之,父母必须想方设法地让孩子认识到自己是这个世界上与众不同的存在,也要竭尽全力地保证孩子的安全,这样孩子才能真正长大成人,也才能拥有属于自己的美好未来。

想好怎么做

要想坚持对孩子进行正面管教，关键在于改变自己。现实生活中，很多父母自以为生养了孩子就是孩子的主宰者，所以他们一直热衷于控制孩子，也很积极地想要改变孩子。实际上，父母之所以总是试图控制孩子，是因为他们并不知道自己的控制行为根本不能让孩子改变。当发现自己的一切努力都是徒劳时，父母最应该真正去做一些事情，从而帮助孩子解决问题，这样才能让孩子的行为举止都发生真正的改变。

在养育孩子的过程中，很多父母都不知道自己到底应该怎么做。他们把侧重点放在激励孩子进行改变这方面，根本没有意识到自己应该对孩子信守承诺，贯彻自己的决定，坚持做好自己该做的事情。为了摆脱教育的困境，在开口与孩子沟通之前，在义正词严地向孩子表达自己的意见或者是决定之前，父母最好谨言慎行，认真地想一想自己该说什么、该做什么，这样才能笃定做好父母，也才能退一步海阔天空，让自己有充足的时间去想清楚每一件事情，以及每一件事情的细枝末节，从而有效地解决问题。

想好怎么做并且真正去做，这听起来是一件简单容易的事情，实际上却有很大的难度。在教养孩子的过程中，父母与孩

第一章
什么是正面管教——父母可以用正面管教法做些什么

子之间往往很难达成一致，双方会因为各种误解陷入斗争或者是博弈的状态。例如，对于一个十个月大的孩子，妈妈想要帮助孩子更换干净的尿片，但是孩子却不停地扭来扭去，不愿意配合妈妈。这个时候，妈妈只想让孩子在换尿片的时候保持安静，更加顺从。所以，每当孩子挣扎的时候，她就会故意与孩子对着干，试图扭曲孩子的身体。这样做对解决问题并没有什么好处，反而会让孩子挣扎和扭动得更加厉害。

在了解了正面管教法的教育理念并且坚持践行之后，妈妈改变了做法。每当孩子挣扎着不愿意换尿片的时候，妈妈就会停下手中的动作，安静地看着孩子，等待孩子停止扭动。等到孩子真正停止扭动的时候，妈妈才会继续为孩子换尿片。经过几次这样的过程之后，孩子渐渐地恢复安静。等到妈妈再次开始为他换尿片的时候，他会乖乖配合，这让妈妈感到非常欣慰。这是为什么呢？这是因为孩子知道了妈妈所要做的是什么事情，也就不会徒劳地挣扎和反抗了。

在日常管教中，很多事情都需要妈妈处理，为了让孩子能够做得更好，妈妈应该以更好的教育方式对孩子施加管教。所谓正面管教，就是以一种积极的方式与孩子沟通，并且对孩子开展教育。再举一个日常生活中常见的例子。很多妈妈都喜欢唠叨，很多孩子也都以妈妈的唠叨为自己的噩梦。每当妈妈唠叨的时候，孩子往往难以忍受。如果妈妈能够换一种方式与孩子沟通，就能够让彼此的感受和体验都得到提升。例如，妈妈与其喋喋不休、反复地说教，还不如告诉孩子"我只会把重要的事情说一遍"。也许刚开始的时候，孩子们会因为错过妈妈的说教而犯一些错误或者受到伤害，但是随着他们犯错的次数越来越多，他们就会知道必须认真倾听妈妈的话，否则就会错过妈妈对他们的叮咛、嘱托或者是劝说、告诫等。

当孩子形成了这种意识，每当妈妈说话的时候，他们渐渐地就会养成认真倾听的好习惯。即使孩子因为一些原因而没有听到妈妈说了什么，他们也不会对此不以为然或者漫不经心，而是当即向兄弟姐妹及其他家庭成员询问妈妈传达的意思。这样一来，妈妈自然就达到了与孩子沟通的目的，也可以确保孩子不会错过妈妈重要的通知或者是讲述。

在很多家庭里，父母与孩子之间都会进行无休止的斗争，这都是因为亲子教育没有坚持正确的理念，也没有采取有效的方式方法导致的。很多父母都会对孩子反复唠叨，也会一次又一次地提醒孩子，还会徒劳地向孩子解释，但是他们却忽略了要想让孩子更加配合父母，就一定要坚定地执行自己所说过的话。要想成为真正的和善而坚定的父母，就必须惜字如金，在和孩子沟通的时候言简意赅地表达，也不要总是说那些无趣的话，而是可以以有趣的话题作为切入点，与孩子一起展开讨论，试图研究人生中各种复杂的事情。这样一来，相信亲子沟通会变得更加愉快充实，也让孩子更乐于投入其中。

第一章
什么是正面管教——父母可以用正面管教法做些什么

少说多做

心理学上有一个超限效应，意思是说，当一件事情超过了正常的限度，就会引起非常糟糕的后果。实际上，所谓的超限效应在家庭教育中也屡见不鲜。如果父母在对孩子进行说教或者给孩子讲道理的时候说得太多，反复进行，那么就会引起孩子的逆反心理，这就是超限效应的重要体现。要想让亲子教育起到良好的效果，我们最应该做的一件事情，就是决定怎么做。也就是说，我们与其说很多遍或者是无数遍，还不如用行动代替话语，与孩子进行真正的沟通，这样反而达到教育的目的。

在现实生活中，我们每天都忙忙碌碌，行色匆匆，其实我们如果有机会倾听自己在一天的时间里所说的话，那么就会惊讶地发现，原来我们在短短的时间里居然说了那么多毫无意义的废话。如果我们不能做到倾听自己的话，那么也可以找一个专门的日子去公共场合，听听父母们与孩子之间是如何进行沟通的。我们会发现，父母几乎无时无地地都在对孩子进行唠叨式的教育，或者是对孩子进行反复的解释、叮咛。例如在停车场里，在商场里，在家里，在路上，在公交车站等等地方，父母只要和孩子在一起，嘴巴似乎就很难停下来，这也就意味着，在家庭教育中，父母说得多而做得少。真正懂得家庭教育的父母知道，父母固然要对孩子坚持言传身教，但是从某种意义上来说，身教的作用远远大于言传。如果父母能够一改反复

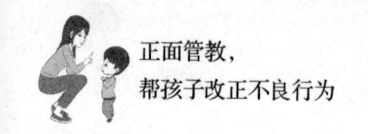

唠叨和叮咛的教育状态，而是多多采取实际行动为孩子树立良好的榜样，那么，亲子之间至少有四分之三的问题和不快都会烟消云散。

那么，父母对孩子说得多，会有哪些负面的效果呢？首先，父母对孩子说得多，会引起超限效应，使孩子故意与父母背道而行，针对父母做出一些反抗的举动。其次，父母对孩子说得多，还会让孩子对父母的话不以为然，甚至故意对父母的话充耳不闻，这样一来，亲子之间就不能进行顺畅的沟通，家庭教育自然也就不会取得良好的效果。

在很多家庭里，父母都会通过话语的方式对孩子展开教育。当父母这么做的时候，他们就相当于把教育的权利交给了孩子，而孩子对父母的话却充耳不闻，他们根本不愿意按照父母的话去做，这使得家庭教育毫无作用和效果。与此同时，父母并不会反思自己教育的方式，反而会为孩子贴上不听话的标签，为孩子贴上叛逆的标签等。在这种情况下，针对孩子开展的家庭教育、亲子教育自然事倍功半。

要想让教育起到良好的效果，父母就要多多进行反思。父母应该认识到自己对孩子并没有采取卓有成效的教育方法，所以才会导致在教育孩子的过程中陷入各种被动的局面中。在教养过程中，每当真正遇到亲子教育的难题时，父母总是以说教的方式对待孩子，这反而会激起孩子的逆反心理，不如真正地采取行动，安静地等待孩子去做一些事情发泄不良情绪，或者

第一章
什么是正面管教——父母可以用正面管教法做些什么

验证自己不够成熟和理性的想法，这样才能引导孩子针对问题进行更深刻的思考。

举个简单的例子，很多孩子都不喜欢洗澡。每天晚上，当父母好不容易把他们哄到浴缸里，帮助他们洗净自己的时候，他们就会大喊大叫，不停地反抗，还会恳求父母赶紧结束洗澡的过程，让他们能够穿上干燥的衣服，快乐地玩耍。这些恳求并不能产生实际的作用，反而会导致事与愿违，会让父母反复唠叨个不停。那么，如果不唠叨，父母还能做什么呢？父母可以换一种方式，例如让孩子单独留在浴缸里发泄情绪，等到孩子的情绪恢复平静的时候，再来帮助孩子洗澡。当然，在此过程中，父母一定要保证孩子的安全。

具体来说，父母要对孩子做的就是闭上嘴巴，展开行动，坚持自己要做的事情。当父母总是这么去做的时候，结果就会让父母感到意外，因为孩子在此过程中会渐渐地感受到父母的变化，以及不同的教养方式之间的区别。

例如，父母面对孩子时，一遍又一遍地要求孩子安静，孩子却充耳不闻，自行其是，父母不如反其道而行之，一改常态，安静地等待着孩子们注意到父母的紧张和焦虑，这样孩子们也许就会主动自发地停止吵闹。再如，孩子们在一起玩耍的时候为了争夺一个玩具而吵闹不休，父母与其试图为孩子们裁断事实，根据真相做出判断，不如一言不发地将玩具放到其他地方，以这种方式帮助孩子们恢复冷静。孩子们发现他们所争抢的目标已经不在眼前了,马上就会意识到争吵是没有意义的。他们从想方设法与对方辩论或者攻击对方,转化为主动反思自己做得对不对,或者是反思自己是否可以用更好的方法解决问题。毫无疑问,既然父母只需要用这么简单的方式就能解决问题,又何必要用会产生负面作用的争吵等方式来解决问题呢?

很多父母都会犯通过话语来养育孩子这个错误。即使父母喋喋不休地说个没完没了,孩子也未必会完全听从父母的指挥。在对孩子发号施令之前,父母首先要明白一件事情,那就是孩子是否愿意按照父母的要求去做。如果孩子根本就不愿意配合父母做出改变,或者采取行动,那么父母即使说得再多也是无用的。反之,如果孩子很愿意配合父母做一些事情,那么父母即使只用只言片语来表达自己的心意,也能够得到孩子积极的回应,还能够获得自己想要的结果。

在与孩子沟通的过程中,还要注意,对于那些孩子必须做的事情,不要询问孩子的态度,而是要以商量的态度与孩子沟通。例如,到了吃饭的时间,我们无需问孩子想不想吃饭、饿不饿,而是可以直接告诉孩子该吃饭了;到了坐车的时候,我们无需问孩子是否愿意系上安全带,而是直接告诉孩子要系上安全带。这样一来,孩子没有机会做出选择,而是会渐渐地意识到他们在特定的时刻里必须做到一些特定的事情。尤其是当父母以这样平静坚定的语气对孩子表达要求的时候,孩子们就不会再刻意地挑战父母的决定,而是会认识到很多事情原本就应该如此，不需要争辩和讨论，他们理应做得更好。通过这样的方式进行沟通，家庭教育自然会变得更简单明了，也能取得良好的效果。

从某个意义上来说，少说多做还有一个很大的好处，那就是能够让亲子沟通更加简洁，也让父母更容易实现教育的目的。要想让少说多做进行得更加顺利，父母还应该在对孩子提出要求之前，与孩子置身于同一个房间之中，这样父母在对孩子提出要求的时候，就可以看着孩子的眼睛与孩子进行目光的交流，从而提升成功的概率。

简而言之，这就是为了获得孩子的关注。如果孩子根本没有关注父母，那么父母说出去的话很有可能会被他们自动屏蔽。只有在得到孩子关注的情况下，父母说出去的每一句话才会被孩子记在心里，成功地吸引孩子的注意力。在这个前提之下，行动是解决问题的好办法。

在此过程中，还需要注意的是在一个房间里，父母还应该尽量站在孩子的身边，从而与孩子进行目光的交流。有一些父母虽然同孩子在一个房间里，但是他们会坐在距离孩子很远的地方，对着孩子大声吼叫，这会让孩子误以为父母生气了，或者对父母的行为产生反感，这都不能让亲子沟通取得立竿见影的良好效果。只有以积极有效的方式与孩子沟通，亲子教育才能得以顺利地实施和开展，这一点是毋庸置疑的。

正面管教，
帮孩子改正不良行为

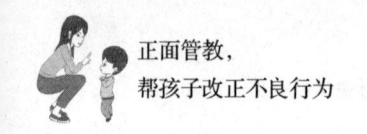

坚持到底才是胜利

每天吃饭的时候，妈妈与琪琪都会发生争吵，就是因为琪琪在此前和爷爷奶奶一起生活的时候，每次都能坐在电视机前，在茶几上吃饭。这样一来，琪琪就可以边吃饭边看电视。琪琪六岁时，要上一年级了，爸爸妈妈从爷爷奶奶家把琪琪接回身边，这个时候，妈妈才发现琪琪在生活上有很多不好的习惯。妈妈决定为琪琪纠正这些坏习惯，这当然很难，但是这件事情是必须做到的，所以妈妈打定主意：即使再难，也要努力做到。

第一天，妈妈就和琪琪约法三章，其中有一条就是吃饭要坐在餐桌上，专心致志地吃。对于这条规定，琪琪并没有特别抵触，这是因为她还不知道这条规定将会给她的生活带来怎样的改变。真正到了吃饭的时候，琪琪哭闹不休，她坚持要去电视机前面坐着吃饭，继续一边吃饭一边看电视。但是妈妈对琪琪说："这是不可能的。"虽然琪琪一直在哭，但是妈妈丝毫没有妥协。眼看着饭菜就要凉了，妈妈最后一次通知琪琪："琪琪，如果一分钟内你不来吃饭，我就会把饭菜全都倒掉。整个下午，你都不能吃零食。即使你很饿，也要等到晚上吃饭的时候才能在餐桌旁吃饭。"

听到妈妈的话，琪琪还是不能做出理性的选择。一分钟里，她一直在哭闹；一分钟之后，妈妈果然把琪琪的饭菜都倒掉了。才过去一个多小时，琪琪就饿得肚子咕咕直叫。她想吃

第一章
什么是正面管教——父母可以用正面管教法做些什么

一些饼干和酸奶,但是却被妈妈坚决拒绝了。看到琪琪饿得团团转的样子,爸爸有些于心不忍,想和妈妈商量给琪琪吃一些水果。但是,妈妈想都没想就拒绝了爸爸的提议。她对爸爸说:"虽然平日里孩子在两餐之间是可以吃一些点心和水果的,但是今天的情况不同。今天是我们开始博弈的第一天,我必须坚持到底。"

就这样,琪琪整个下午都饿得非常难受,但是妈妈不允许她吃任何东西。琪琪好不容易才坚持到吃晚饭的时候,这次,她没有再吵闹着要去茶几上吃饭,而是迫不及待地坐到餐桌旁,三下五除二就吃光了碗里所有的饭菜。看到琪琪吃得香喷喷的样子,妈妈欣慰极了,她与爸爸对视了一眼,爸爸也默默地点了点头,对着妈妈竖起了大拇指。

从此之后,琪琪再也不提去茶几上边吃饭边看电视的事情。每当到了吃饭的时候,她就会乖乖地坐到餐桌旁,也会很快地把饭吃完。看到琪琪吃饭吃得越来越好,妈妈高兴极了。

在这个事例中,边吃饭边看电视显然是很糟糕的习惯。琪琪是因为被奶奶爷爷宠爱,所以才养成了这个坏习惯。妈妈要想纠正琪琪的这个坏习惯,就必须下足够的狠心,就算亲眼看到琪琪饿得哇哇直哭也依然坚持到底。如果妈妈在琪琪苦恼不休,觉得肚子很饿的情况下表示妥协,那么等到再次吃饭的时候,琪琪又会犯同样的错误。幸好,妈妈是非常有原则的,即使爸爸心疼琪琪,妈妈也坚决不妥协,不让步。

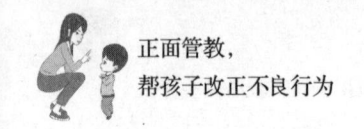

在家庭教育中，父母在教给孩子很多生活技能的时候，一定要坚持到底。看起来坚持到底是冷血无情，是对孩子做出一些冷酷的举动，而实际上，当父母真正坚持到底的时候，就可以减少与孩子之间发生冲突，也可以减轻孩子的挫败感。坚持到底是一种行为方式。父母只有坚持到底，孩子才愿意听父母的话，并且以合作的态度配合父母。作为父母，在使用坚持到底这一原则的时候，必须是积极主动的，并且能够坚持自己的原则和底线，不要轻易对孩子让步和妥协。

让坚持到底更加正确，取得良好的效果，父母要避免自己陷入棘手的问题之中。不管发生什么问题，父母都要先认真细致地观察，认识到事情发生的原因，也认识到事情发展的走向，这样才能决定如何做，从而让孩子做出更好的表现。

在采取坚持到底这个策略的时候，父母要做到以下几点。第一点，要充分地关注孩子，了解孩子内心的所思所想，知道孩子真正的需求。第二点，要认可孩子的感受，并且能够无条件地接纳孩子，了解孩子的各种愿望，从而才能理解孩子。第三点，要为孩子明确行为的边界，告诉孩子应该做什么，不应该做什么，这样孩子才能更好地掌控自己的行为。第四点，得到孩子的帮助，与孩子一起想办法解决问题，并且在此过程中阐述自己的感受，让孩子知道父母对他的限制到底在哪里，帮助孩子确立行为边界。第五点，采取行动，坚持到底。一切的行为或者是想法或者是策略，最终都要落实到行动上，那么我们要想坚持到底，也就必须坚持去做，这才是真正的坚持到底。

现实生活中，在孩子故意捣乱、淘气顽皮的时候，很多父母都会采取简单粗暴的方式对待孩子，例如打孩子屁股，或者是训斥孩子，希望孩子能够马上离开自己的面前，不要给自己造成干扰。这些惩罚性的手段固然能够在短时间内解决问题，但是却并不能从根源上让问题消失，只有坚持到底，才能教给孩子很多必须掌握的技能，也才能让孩子知道父母的态度。父母必须真正做到尊重孩子的人格，尊重孩子的情感，才能对孩子坚持到底。

让孩子改正错误比惩罚孩子更重要

错误是成长的阶梯。每个孩子在成长的过程中难免会犯错误，面对孩子的错误，大多数父母都会本能地采取惩罚的方式让孩子长记性。如果懂得了正面管教的理念，也坚持正面管教的原则，那么父母就会知道不应该惩罚孩子，这是为什么呢？心理学家经过无数次的调查已经证明，在具体的教育方式之中，惩罚非但不会起到良好的教育效果，反而会导致很糟糕的结果。惩罚会导致孩子的内心和情感都受到伤害，让孩子与父母的心间隔得越来越远，甚至让孩子对父母感到万分恐惧。显而易见，孩子在这样的心态下会故意疏远父母，不愿意与父母之间进行更深入密切的交流，这也使得家庭教育面临很多困难和障碍，无法顺利展开。

看到这里，相信有很多父母都会感到疑惑不解：既然惩罚的方式对于教育孩子只会导致事与愿违，为什么还是有那么多父母都热衷于使用惩罚的方式对待孩子呢？其实这个道理非常简单，即这些父母在采用惩罚的方式教育孩子的时候，并不知道惩罚会有这么多的负面作用，而是坚定不移地认为自己正在通过采取一些有效的措施帮助孩子改掉那些糟糕的行为，甚至他们还怀着崇高而又神圣的使命感，认为自己必须想尽办法，才能避免孩子侥幸逃脱惩罚。

从心理学的角度来说，父母采取惩罚的方式对待孩子，实际上是为了发泄自己的愤怒，消除自己内心沮丧的情绪，也为了展示自己作为父母的威严。还有一些父母之所以惩罚孩子，是因为他们在自己成长的过程中就受到了自己的父母同样的对待，所以他们在教育孩子方面并没有学会更多的知识，也没有掌握有效的技巧，更没有更新教育的理念。他们坚定不移地认为，只有惩罚孩子，例如采取打骂孩子的方式，才能让孩子有好的转变，才能让孩子在短时间内获得更大的进步。通常情况下，坚持这种教育理念的父母都认为孩子必须经受痛苦，才能从失败中汲取经验和教训，孩子必须承受挫折和打击，才能快速地成长起来。

从深层次的心理角度来进行分析，大多数父母都对孩子有

第一章
什么是正面管教——父母可以用正面管教法做些什么

很强烈的控制欲望。当孩子出现问题行为的时候，他们会采取惩罚的方式对待孩子，目的就是制止孩子的行为。也有一些父母认为不能娇纵宠溺孩子，所以走向了另一个极端，那就是惩罚孩子。不管是骄纵宠溺孩子，还是惩罚孩子，都意味着父母进入了主观的误区之中，不能客观地看待问题。当父母能够从自己与孩子的亲子关系之中跳脱出来，对孩子不再怀疑，不再急功近利，那么他们就能够退后一步，客观公正地看待问题，也就会意识到如果自己总是因为孩子做出某种相同的行动而惩罚孩子，那么非但不能让孩子积极地改变，反而会让孩子变本加厉。

有一些父母之所以采取惩罚的方式对待孩子，是受到本能的驱使。人的本能都是趋利避害的，在教育孩子的时候，父母就会倾向于阻力最小的教育方式。而坏习惯总是根深蒂固的，父母要想让孩子形成好习惯，首先要帮助孩子戒掉坏习惯，这显然是非常难的。例如当成人尝试着戒烟或者减肥的时候，他们就必须与自己的很多惯性行为进行斗争，而且这种斗争是持续不懈的。所以，父母要想让孩子形成好习惯，就要帮助孩子戒掉坏习惯。此外，形成好习惯也需要经历漫长的过程。这些因素都会使父母在不知不觉间倾向于采取阻力最小的方式教育孩子，从而在最短的时间内产生更好的教育效果。

实际上，真正的管教要以爱与理性为基础，这样才能取得良好的效果。父母与其惩罚孩子，还不如心平气和地告诉孩子

正面管教，
帮孩子改正不良行为

自己允许孩子做出怎样的行为，不允许孩子做出怎样的行为，这远远比大吼大叫着惩罚孩子的效果更好。人与人之间的尊重是相处的基础，即使亲如父母与孩子，也同样需要彼此尊重。尤其是父母，要积极地寻求更加有效的方式取代惩罚的方式，让教育事半功倍。

当孩子做出了一些糟糕的举动，给自己或者是他人带来了伤害，为了帮助孩子改正错误，父母要杜绝用惩罚的方式对待孩子。举个简单的例子，年幼的孩子在吃饭的时候不小心把饭菜弄得到处都是，这种情况下，父母一起批评打骂孩子只会让孩子感到恐惧。与其这么做，还不如告诉孩子应该如何做才能更好。例如，可以和孩子一起打扫洒落的饭菜，让孩子感受到打扫卫生的辛苦，这样孩子下次就会主动地维持卫生环境，避免再次导致相同的后果。

再如，孩子正在玩玩具，一不小心把玩具弄坏了，那么，如果父母倾向于用惩罚的方式对待孩子，就会对孩子恶言恶语。在亲子相处中，父母说这些话对于解决问题并没有任何好处，反而可能使问题变得更糟糕。与其以恶言恶语伤害孩子稚嫩的心灵，还不如以激励的方式给孩子鼓劲。可以对孩子说："如果你能对玩具更温柔一些，我想玩具会陪伴你更长的时间，这样你就一直都有玩具玩。"孩子也有趋利避害的本能，他们也会权衡利弊，从而在接下来的时间里表现得更好。

总而言之，要以正面管教的方式对待孩子，就要真正地尊重孩子，平等友善地对待孩子。尤其是当问题发生的时候，父母一定要控制好情绪，不要让自己成为情绪的奴隶，而是能够以更恰当的方式协助孩子一起解决问题，这样教育才会事半功倍。

你需要更好的沟通技巧

一切的亲子教育都要以良好的亲子沟通为基础，如果父母不能与孩子搭建良好的沟通渠道，不了解孩子的所思所想，导致孩子不管有什么事情都不愿意和父母倾诉和沟通，那么父母与孩子之间就会产生很大的隔阂。作为父母，我们应该给出孩子正确的信息，这样才能帮助孩子正确地思考。作为孩子，应该及时让父母了解自己的情况，这样才能得到父母更有效的帮助。从这个意义上来说，父母的重要职责之一就是要引导孩子进行独立思考，与此同时，也要掌握更好的沟通技巧，这样才能与孩子实现真正良好的沟通。

很多父母已经习惯了喋喋不休地对孩子展开说教，却很少有父母会真正用心、耐心地倾听孩子。对于父母而言，倾听是最重要的沟通技巧，父母要想打开孩子的心扉，了解孩子的所思所想，就必须认真地倾听孩子，从而为孩子营造自我反省的积极氛围，促进孩子进行自我反省。在此过程中，父母也应该成为真正的倾听者，与孩子之间进行顺畅的沟通，为亲子教育

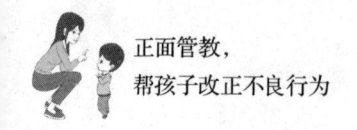

奠定坚实的基础。

在成人的交往之中，有些人是非常擅长交谈的，他们与人交谈的时候，会给他人留下和善健谈的良好印象，也会很容易地与他人之间建立人际关系。也有一些成人对于交谈是非常不擅长的，他们在与他人交谈的时候，往往会与他人闹得很不愉快，甚至他们一张口，话题就终结了，因而被冠以话题终结者的别名。为了避免在与孩子沟通的时候出现这样的情况，父母应该掌握哪些沟通技巧呢？

首先，在倾听孩子的时候，要以接纳的态度，保持平静理性。很多父母在与孩子沟通的时候，虽然想要倾听孩子，但是当孩子说出一些话的时候，他们马上就会情绪激动，或者反驳孩子，或者试图纠正孩子，甚至还会批评和否定孩子。父母这样过激的反应，使孩子不愿意再继续向父母倾诉，也就使得亲子沟通戛然而止。这对于建立良好的亲子关系，促进亲子沟通，都是极其不利的。

真正的倾听建立在尊重、理解和信任的基础上，父母需要把握的一点是，不管孩子说得对不对，父母都不要急于表达意见，也不要急于否定和批评孩子，而是要认真耐心细致地给予孩子足够的尊重和理解，这样才能促使孩子大胆地说，也才能知道孩子的真实想法。

其次，经常对孩子进行启发式提问。所谓启发式提问，就是没有固定答案的提问。有一些问题的答案是"是"或者

第一章
什么是正面管教——父母可以用正面管教法做些什么

"否"这样的封闭式选项，那么在对孩子提出这些问题的时候，父母得到的信息会非常少，往往限于肯定或者否定的回答。父母也不要对孩子限定选项去提问，例如问孩子"你想吃苹果还是想吃橘子"。如果父母正准备去水果店卖水果，为何不问孩子"你想吃什么水果呢"，这样就避免了苹果和橘子都不是孩子所想的尴尬。如果孩子不得不吃他们不想吃的水果，既然买苹果或者买橘子都同样要花钱，父母理所应当为孩子买他们更喜欢吃的其他水果。当父母问孩子喜欢吃什么水果，孩子也能够真实地表达自己的真心时，父母就可以花同样的钱买到孩子真正喜欢吃的水果，这当然是父母更愿意看到的，也有利于亲子之间融洽相处。

在很多访谈类的节目中，那些能力很强的主持人都很擅长进行启发式提问，一个恰到好处的问题往往既不失礼貌，又不显得唐突，从而起到抛砖引玉的作用，打开被采访者的话匣子，让被采访者更愿意与主持人进行沟通。反之，一个不合时宜的问题则会让主持人成为话题的终结者，也会让被采访者关闭心扉，不愿意与主持人进行深入沟通。父母虽然不是专业的采访者，但是在试图了解孩子内心的时候，父母却要积极地采取有效的方式对孩子进行提问，这样才能得到更多的有效信息。

再次，在倾听孩子的过程中，我们需要给予孩子积极的回应。如果孩子说了很多话，却没有得到我们的任何回应，那么他们就会对谈话失去判断。我们要给予孩子积极的回应，具体

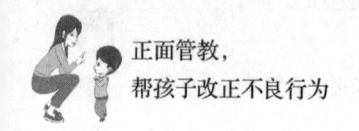

来说，就是要练习反射式倾听。所谓反射式倾听，实际上是一种非常好的、能够激发孩子谈话的倾听方式。例如孩子说"我今天很不开心"，那么父母可以问孩子："今天很不开心吗？"这相当于是对孩子问题的重复，需要以疑问的语气说出来，激发孩子的谈话兴致，让孩子很愿意说说自己为何感到不开心。

最后，切勿对孩子指手画脚，评判孩子做出的各种事情。可以以拥抱的方式给予孩子肯定，让孩子更愿意把自己内心真实的想法告诉父母。例如，对于孩子愤愤不平地说出来的一件令人感觉糟糕的事情，父母可以对孩子说："我真开心，你愿意信任我，把你的感受告诉我，你想让我拥抱你吗？"这种情况下，如果孩子真的需要父母拥抱，他们就会表示欢迎；如果孩子不需要父母拥抱，那么父母则不要强行拥抱孩子。从这个意义上来说，反射式倾听实际上就是对孩子说出的重要的话给予积极的回应，但是却并不加评判，而只是以疑问句的方式激发孩子表达的兴致，让孩子更乐于向父母诉说自己真实的感受。在此过程中，父母可以对孩子采取一些安抚的措施，让孩子感到内心平静、充实快乐，那么效果就是更好的。

总而言之，父母应该掌握这些沟通的技巧，亲子沟通是亲子教育和家庭教育的重要基础，只有在进行良好亲子沟通的前提下，父母才能对孩子开展家庭教育。由此可见，每个父母都需要更好的沟通技巧，才能以倾听和言语打开孩子的心扉，为对孩子进行正面管教扫清一切障碍。

第一章
什么是正面管教——父母可以用正面管教法做些什么

适度期待

作为一个单身汉，在面对生活和工作的时候尽管非常忙碌，却并没有那么大的压力。这是因为单身汉的生活只需要对自己负责，而不需要对更多自己所关爱的人负责。一旦有了孩子之后，单身汉的生活就发生了翻天覆地的变化。细心的人会发现，这种翻天覆地的变化无处不在。例如，原本属于自己的大量时间被压缩得所剩无几，甚至还需要透支自己的时间才能够满足孩子各种各样的需求。这使得现代社会中的很多父母都想把自己变成一个无所不能的超级父母，又因为对孩子过于关爱和关切，所以父母们往往不切实际地想要参与孩子生活的方方面面。这样一来，他们就会更加分身乏术。例如，每当孩子的学校里有各种活动的时候，他们希望孩子能够积极地参与，并且做出良好的表现。在此过程中，他们也会竭尽所能地为孩子提供一些便利的条件。再如，在孩子学习方面，他们希望孩子能够面面俱到，希望孩子在学习上有更好的表现，他们不但每天都要接送孩子上学，还会陪着孩子读书写作业，甚至还要陪着孩子上各种课外班。这样的父母往往觉得时间就像海绵里的水，却也真的再挤不出一滴来了。当父母把自己生活的重心完全转移到孩子身上的时候，父母就会发现生活变得非常仓促，而且渐渐地迷失了自己。如果想改变这样的局面，仅仅进行时间的统筹安排是远远不够的，父母还要分清楚生活的轻重

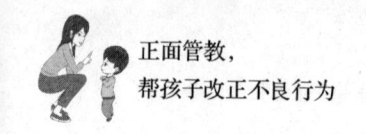

主次，要对自己适度期待，也要对孩子适度期待。父母首先要照顾好自己，才能让很多事情都得以圆满完成，这是很重要的。

要想对孩子降低期待，那么父母就要先做到对自己适度期待。很多父母都有洁癖，他们希望自己的家能够一尘不染，就像杂志里一样始终保持着精装房交付时的安静恬淡；他们希望自己准备的每一餐都色香味俱全；他们希望自己可以照顾好孩子，也能够做一些自己的事情，只是他们无形之中把属于自己的时间压缩得不能再压缩，为了陪伴孩子几乎付出了所有的时间。渐渐地，他们对养育孩子产生了成就感；渐渐地，成就感消退，他们沮丧地发现自己根本没有时间做想做的任何事情，对于自己曾经轻轻松松就能做好的事情，现在即使花费大量的时间和精力，也未必能够做好。这样面对着手忙脚乱的生活，他们未免感到沮丧绝望，甚至还会觉得自己一无是处。那么，作为父母，如何才能协调好生活、工作和养育孩子之间错综复杂的关系，让自己的生活更加从容呢？

作为父母，一定要对自己满怀期待，一定要学会借力。例如，我们不可能有足够的时间既做好工作，也同时做好家务，并且照顾好孩子。既然如此，我们可以把一些事情交给他人去做。孩子成长的过程是不可逆的，作为父母必须亲自陪伴孩子，那么我们可以付出一些金钱，请人做好家务事，也准备好家里重要的餐点，这样我们自然就能腾出更多的时间做想做的事情。除了花钱雇人来做各种各样的事情之外，还可以调动全

第一章
什么是正面管教——父母可以用正面管教法做些什么

家人的力量，进行全家总动员。在生活中，有一些家庭主妇不管做什么事情都亲力亲为，全心全意地想要做得尽善尽美。遗憾的是，理想总是丰满的，现实总是骨感的，一个人即使是千手观音，也不可能把家里的每一件琐事都做得非常好，所以我们不应该对生活提出这么高的要求，而是可以动员全家人一起投入家务之中。虽然每个人做家务的水平参差不齐，但是我们却会在整体上做得更好。

在对家进行布置和安排的时候，也可以更多地考虑到孩子的需求，站在孩子的角度上来布置家居环境。这样我们就可以一劳永逸地为孩子提供安全的成长环境，而无须每一天都为了保证孩子的安全而提心吊胆。例如，可以在家中开辟出属于孩子活动的区域，这样孩子在该区域玩耍的时候会很安全，父母也就无需为他们担心。再如，规定孩子必须在餐桌上吃饭，在户外的草坪上玩皮球，在房间的一个角落里看书，在进行各种活动的过程中不允许激烈地打闹。这当然会让我们更加心安。当然，要想做到这些事情，也许需要花费很多的时间、财力和物力，所以在进行这些规划的时候，我们首先要做好预算。

现代社会中，钱是非常重要的，没有钱是万万不能的。既然钱来之不易，我们在花钱的时候就要更加珍惜。我们要学会区分孩子的欲望与需要，我们要慷慨地满足孩子的需要，却不要为孩子的欲望花费过多的金钱。欲望就像无底的深渊，随着年纪不断增长，孩子的欲望会越来越多，所以我们要从小教会

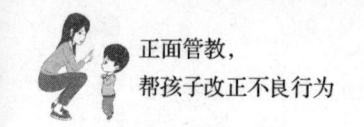

孩子控制欲望，也要告诉孩子适度消费的道理。例如，孩子需要购买一个大牌的手机，这并不是他们生活和学习的所需，我们可以拒绝孩子的请求，给他们配备一个简易的手机，用来联系。再如，有些孩子会和同学一起去各种旅游胜地玩耍，需要花费大量的金钱，那么对于孩子来说，固然要读万卷书，行万里路，但是如果没有充足的财力支持行万里路，就可以让孩子读更多的书，告诉孩子等到他们长大了，有了收入之后，他们想去哪里旅游就可以去哪里旅游。这样能给孩子更多的期待，也能激励孩子们在当下更加努力，这岂不是更好的选择吗？

很多人特别注重精神与情感，他们只要在精神和情感上得到满足，就会感到充实而又快乐。也有一些人不愿意让自己活得太简单，他们会受困于物质和金钱，最终变成一个不折不扣的物质至上主义者。当孩子成为一个物质至上主义者，他们就只能依靠各种物质和金钱来堆砌自己的快乐。一旦失去了物质和金钱的支撑，他们就会陷入迷惘和困惑之中无法自拔，不知道自己存在的意义是什么，这对孩子而言显然是非常糟糕的。

当好父母并不是一件简单容易的事情，既要做好工作，又要照顾好家庭，还要教育好孩子，这要求父母必须面面俱到。在短时间内，我们也许无法成为合格且优秀的父母，但是只要我们坚持去做，调整好自己的心态，适度期待孩子，那么相信最终我们一定会教育好孩子，也会收获更多的快乐和满足。

第二章
搞定熊孩子——纠正孩子那些让人尴尬的行为

熊孩子是最近几年流行的网络用语，特指那些顽皮淘气的孩子，带有一些无奈又宠溺的意味。那么对于熊孩子，我们如何才能够纠正他们那些让人尴尬的行为，真正地搞定他们呢？作为坚持正面管教理念的父母，一定要进行深刻的思考，既要反思孩子的言行举止，也要反思自己的教育方法，才能从根源上解决问题，改善孩子的不良行为。

孩子为何变成了暴力狂

周末,佳佳来找皮皮玩。佳佳拿着爸爸从国外带给他的新玩具——一个非常酷炫的变形金刚,一进屋就迫不及待地展示给皮皮看,对皮皮说:"皮皮,快看!这是爸爸新给我买的变形金刚,很霸气吧!"看到佳佳的变形金刚,皮皮当即伸出手去要,口中说着:"佳佳,快把这个变形金刚给我看看吧,简直太酷炫了!"佳佳顺从地把变形金刚递给皮皮看,皮皮拿着变形金刚爱不释手,翻来覆去地看,还想把变形金刚变形呢。

这个时候,佳佳感到非常心疼,他对皮皮说:"不要变形!不要变形!我喜欢这个造型!这可是爸爸刚刚送给我的礼物呀,你可别给弄坏了,快还给我吧。"皮皮把变形金刚举得高高的,对佳佳说:"我还没玩够呢,等我玩够了再给你!"佳佳当然不愿意啦,追着皮皮要。皮皮呢,满屋子跑,佳佳追着追着,一不小心摔倒在地上,哇哇大哭起来。这个时候,皮皮生怕妈妈听到佳佳的哭声,赶紧把变形金刚扔到地上,捂住佳佳的嘴。佳佳被皮皮捂得没法呼吸,只好和皮皮打了起来。听到屋子里叽哩咣啷打得鬼哭狼嚎,妈妈赶紧跑过来观察情况。妈妈先把佳佳和皮皮分开,又询问佳佳发生了什么事情。听到佳佳诉说了整件事情的经过之后,妈妈忍不住训斥皮皮:

第二章
搞定熊孩子——纠正孩子那些让人尴尬的行为

"皮皮,你可真是个顽皮的暴力狂!人家佳佳好心好意把变形金刚带来和你一起玩,你却这么不识好歹,我看你以后就当孤家寡人吧,没有人愿意跟你玩了。"说着,妈妈捡起地上的变形金刚,带着佳佳走到客厅里,拿出巧克力给佳佳吃,佳佳这才停止了哭声。

一直以来,妈妈都为皮皮的暴力表现而感到烦恼。这是因为皮皮情绪暴躁,很容易做出冲动过激的举动,所以不但在和好朋友一起玩的时候容易发生冲突,在学校里和同学相处的时候也常常发生冲突。看到皮皮这样的表现,又经常被老师告状,妈妈苦恼极了:如何才能够改变皮皮的暴力状况呢?妈妈非常无奈。

很多孩子都会有暴力倾向,这是因为他们在成长的过程中过多地接触暴力导致的。例如,有些爸爸妈妈本身脾气暴躁,在教育孩子的过程中,只要一言不合,他们就会对孩子挥起巴掌,渐渐地,孩子耳濡目染,也会和爸爸妈妈一样习惯于用简单粗暴的方式解决问题。

除了因为受到爸爸妈妈的不良影响之外,有一些孩子喜欢玩网络游戏,也会受到负面影响。那些网络游戏充斥着血腥与暴力,会对孩子产生潜移默化的影响,所以当发现孩子沉迷于游戏的时候,父母要积极地引导孩子回归到现实生活之中,多多与同学相处,多多与朋友交往,感受到现实社会中的温情与美好,这样他们就会渐渐地远离暴力了。

最后，还有一些孩子以暴力方式解决问题，是因为他们不知道暴力会给他人带来怎样的伤害。在这种情况下，如果有必要，父母可以让孩子感受到疼痛。例如，孩子打了别人一巴掌，那么，父母以惩罚孩子的方式让孩子感受到肉体上的疼痛，从而对他人的感觉有切身的体会，这样他们才能换位思考，知道自己给他人带来了多么大的痛苦，这也有助于孩子改善暴力的行为。

如今，大多数家庭都只有一个孩子。父母把孩子视为心肝宝贝，舍不得打孩子，舍不得骂孩子，对孩子无微不至地保护。但是，孩子终究要走出家门，要与同龄人相处。在和同伴玩耍的过程中，很多孩子会因为和同伴抢夺玩具或者是一些东西而发生争执，甚至是主动做出攻击性行为。这种攻击性行为的目的不在于伤害他人，而是为了与他人争抢玩具或者其他物品。从心理学的专业角度来说，这种攻击性行为也可以叫工具性攻击，意思就是攻击本身的目的并不是袭击或者伤害他人，而是达到其他的目的。通常，孩子在一到六岁之间很容易表现出工具性攻击行为。他们的目的是抢夺玩具或者是好吃的零食，所以他们往往会理直气壮地对他人施暴，而并不会觉得理亏，也往往认识不到自己的错误。那么，对于孩子这样的表现，父母应该怎么做呢？

首先，要让孩子知道，无论如何都不应该动手打人，不管是为了争抢玩具还是争抢零食，打人都是不对的，都要让孩子当即道歉。父母只有引导孩子积极地解决问题，才能教会孩子与他人之间缓和关系，建立良好的关系。

其次，要教会孩子正确沟通。例如让孩子与他人商量，请求得到玩具玩耍，即使被拒绝，也不要恼羞成怒，而是应该知道那个东西是属于他人的，他人有权利给自己玩，也有权利不给自己玩。在此过程中，父母还可以教会孩子一些礼貌用语，让孩子知道采取礼貌用语才有可能得到他人的分享。

再次，帮助孩子建立轮流玩的意识，教会孩子轮流玩玩具。这样孩子会形成秩序感，也会渐渐地建立规矩。例如，让孩子拿着自己的玩具和其他人进行交换，这样他们就会发现更多更好的交换方式，有助于彼此之间进行良好的沟通。

最后，要让孩子真心地认识到错误。最好不要对孩子以暴制暴，否则就会加重孩子的暴力意识，可以让孩子冷静几分钟，帮助孩子分析以暴力对待他人的后果，也让孩子知道自己的错误，从而让孩子真心认错，主动悔改，这样孩子才会有更好的表现。

总而言之，面对孩子的暴力行为，父母一定要采取正确的方式引导和帮助孩子，而不要以错误的方式加剧孩子的暴力行为。在成长的过程中，每个孩子都会有各种各样的问题，我们一味地逃避问题是不行的，只有积极勇敢地面对问题，才能卓有成效地解决问题。

咬人就要被缝上嘴巴吗

五岁的晨晨和六岁的甜甜在一起玩,晨晨是甜甜的小妹妹,甜甜什么事情都让着晨晨。有一天,她们玩了一个非常好玩的玩具,谁也不愿意让着谁,每个人都想多玩一会儿。这个时候,爸爸妈妈哪怕想再多买一个玩具也来不及了,所以只能让她们一起玩玩具。看到姐妹俩玩得其乐融融,爸爸妈妈就放心地去做其他的事情了。他们一个正在做饭,一个正在拖地时,就听到房间里传来甜甜撕心裂肺的哭声。爸爸妈妈赶紧过去查看情况,这才发现晨晨正咬着甜甜的胳膊不愿意撒嘴。甜甜疼得哇哇直叫,哭得满脸泪水,爸爸妈妈赶紧让晨晨撒嘴,晨晨却不愿意。这个时候,爸爸灵机一动,捏住了晨晨的鼻子。晨晨没法喘气,无奈之下只好松开了嘴巴。这个时候,爸爸严厉地批评晨晨:"晨晨,你怎么咬人呢?你是小狗吗?你咬姐姐,姐姐疼不疼呀?要不,我让姐姐咬你,好不好?"说着,爸爸拿起晨晨的胳膊就要往甜甜的嘴边送,甜甜一边哭着一边躲避,晨晨更是吓得哇哇大叫。

妈妈赶紧把晨晨抱在怀里,语重心长地对晨晨说:"晨晨,你不应该咬人呀!你咬人,别人会很疼。"爸爸还是很生气,看着甜甜胳膊上深深的牙印,爸爸恼火地对晨晨说:"你如果再咬人,我就把你的嘴巴缝上,让你以后不能吃饭,也不能咬人!"听到爸爸的话,晨晨哇啦一声大哭起来。她生怕把她嘴

第二章
搞定熊孩子——纠正孩子那些让人尴尬的行为

巴缝起来,把头深深地扎在妈妈的怀抱里,再也不敢抬头了。

经历了这件事情,虽然甜甜、晨晨早就恢复了平静,但是在傍晚吃饭的时候,晨晨却一边吃饭,一边紧张地看着爸爸。妈妈看到晨晨一脸紧张的样子,问:"晨晨,你老看爸爸干什么?"晨晨眼圈一红,眼泪吧嗒吧嗒地掉下来。妈妈不知所以,这个时候,晨晨委屈地说:"爸爸,不要缝我的嘴巴。"听到晨晨的话,爸爸妈妈这才知道原因。妈妈嗔怪地看了爸爸一眼,爸爸呢,赶紧安抚晨晨。爸爸对晨晨说:"晨晨只要不咬人,爸爸就不会缝你的嘴巴。"没想到爸爸这句话让晨晨哭得更厉害了,晨晨继续说:"爸爸不要缝我的嘴巴。"

妈妈对爸爸说:"你说的,孩子根本听不懂。"妈妈转向晨晨,对晨晨说:"晨晨,放心吧,爸爸不会缝你的嘴巴,爸爸是吓唬你的。我们不相信爸爸这句话,好不好?"在妈妈的安抚下,晨晨才渐渐地恢复了平静,委委屈屈地吃完了饭。

孩子虽然做出了一些错误的举动,但并不是故意的。在这个事例中,晨晨之所以咬了甜甜,也许是因为在抢夺玩具的时候和甜甜发生了纷争,她因为抢不过甜甜,所以就采取了这样的方式攻击甜甜。父母在发现孩子咬人的时候,不要用"缝上孩子的嘴巴"这样的说辞来吓唬孩子,毕竟孩子还小,他们不能够区分父母说出的哪句话是会兑现的,说出的哪句话只是为了吓唬他们,或者是说出了哪句话只是为了开玩笑。他们会对所有的话都一视同仁,认为这句话肯定会变成现实,这也就使得他们内心感到非常恐惧。

不可否认的是，咬人是一种攻击性行为，而且这种攻击性行为是非常极端的。很多孩子都喜欢用咬人的方式来表达自己内心强烈的感情，这种感情不一定是愤怒，也有可能是兴奋或者是紧张。和打人相比，咬人的方式是更为直接的，而且咬人造成的后果也是更为严重的。尽管如此，咬人也不是一种恶意的伤害行为，而是一种攻击性行为，很多孩子通过这种行为来表达自己的内心需求和感受，或者是引起他人的重视，或者是寻求安全感。孩子越是年纪小，自控能力越是差，就越容易发生咬人的行为。

和暴力倾向主要发生于抢东西的情况下不同的是，咬人除了发生在抢东西的情况下，也会发生在孩子认为遭到不公平待遇的时候。有些孩子觉得自己非常委屈，不被理解，没有得到公平的对待，就会以咬人的方式表达情绪。他们除了会咬同龄的孩子之外，甚至也会咬老师或者父母。虽然孩子咬人的行为的确给他人造成了严重的伤害，但是我们要体谅孩子本身是没有恶意的，他们只是想要以这种方式来达成自己的目的。

需要注意的是，有些父母因为怕孩子受人欺负，所以就会告诫孩子一旦被人欺负，就以咬人的方式来反击，这也会对孩子形成误导的作用。当孩子在咬人之后尝到了甜头，发现咬人很容易伤害到他人，他们就会渐渐地形成习惯，一旦有情绪波动，就会采取咬人的方式攻击他人。也有一些孩子性格粗暴，在教养过程中被父母或者其他的长辈骄纵，也会任性霸道，经

第二章
搞定熊孩子——纠正孩子那些让人尴尬的行为

常咬人。父母只有避免这种情况的出现，才能够有效地改善孩子咬人的情况。

那么，父母如何做才能有效地改善孩子咬人的情况呢？

首先，当发现孩子有咬人的倾向时，父母可以用手捂住孩子的嘴巴，使孩子无法张大嘴巴咬人。与此同时，还要采取积极的方式转移孩子的注意力，让孩子忘记咬人这件事情。

其次，要帮助孩子认识到咬人的严重后果。有一些父母在被年幼的孩子咬了之后，因为并不是很疼，或者是哪怕有一些疼，他们也会采取忍耐的态度，而生怕自己有过激的反应，吓到孩子。其实在这种情况下，稍微适度的夸张一些，虚张声势，让孩子知道咬人的后果，并不是一件坏事情。这样孩子才会对咬人心生畏惧，也才能认识到自己的错误，并且积极地改正错误，从而渐渐地减少咬人的行为发生。

再次，对于那些通过咬人的方式来发泄不良情绪的孩子，父母可以教会他们以其他方式发泄情绪。例如，为孩子准备一个拳击袋，让孩子在心情不佳的时候挥舞拳头，攻打拳击袋。或者为孩子准备一个抱枕，让孩子在感到懊恼的时候狠狠地捶打抱枕，这些方式都能够有效地帮助孩子发泄负面情绪。除此之外，还可以为孩子提供一个空间，让孩子在心情不佳的时候在这个空间里又蹦又跳或者大声喊叫，都可以有效地发泄情绪，这样孩子就不会在负面情绪的驱使下，采取咬人的行为解决问题了。

最后，不要以恐吓孩子的方式解决问题，尤其是不要告诉孩子缝上他们的嘴，这样的行为非但不能让孩子改掉咬人的坏习惯，反而会让孩子更加热衷于咬人，因为这样的语言会对孩子产生负强化的作用，对孩子的成长是极其不利的。

孩子当众撒泼打滚怎么办

周末，妈妈带着小鹏去商场里玩。原本，妈妈想给小鹏买一身秋季运动服，却没想到到了商场里以后，刚刚买完了秋季运动服，小鹏就钻到了一家玩具店。看到那么多琳琅满目的玩具，小鹏非常眼馋。在他的苦苦哀求之下，妈妈答应给他买一个玩具。小鹏很快就选了一个变形金刚，妈妈为小鹏付了款，小鹏拿着变形金刚正准备往玩具店外面走呢，突然发现在玩具店门口的货架上摆放着一个最新款的变形金刚。这个时候，小鹏看看自己手里的变形金刚，马上就改变了想法，他问妈妈："妈妈，我可以买这个变形金刚吗？"妈妈对小鹏说："刚才的变形金刚已经付款了。我们说好了今天只买一个玩具，所以你不能买这个变形金刚了。"听了妈妈的话，小鹏非常为难，他的眼睛里含着泪水，嘴巴撇了又撇，但是妈妈却仿佛没有看见一样继续拉着小鹏往外走。就在即将走出玩具店的时候，小鹏突然一屁股坐在地上，大声喊道："我就要买这个变形金

第二章
搞定熊孩子——纠正孩子那些让人尴尬的行为

刚,我就要买这个变形金刚!"

妈妈想起了在一本教育书籍上看到的话,那就是在孩子撒泼打滚的时候,父母要保持冷静,不能对孩子妥协,所以她一直站在旁边看着小鹏撒泼打滚。她坚定地告诉小鹏:"今天只能买一个玩具,你已经买了。"却没想到,小鹏听到妈妈这句话非但没有收敛,反而变本加厉。他生气地把手里新买的变形金刚狠狠地扔到远处,变形金刚撞在地上摔坏了。妈妈特别生气,拎着小鹏就开始狠狠地揍小鹏的屁股。很快,周围就围了很多人看妈妈和小鹏,妈妈感到很丢人,索性把小鹏丢在原地,自顾自地走开了。小鹏哭啊哭啊,在地上滚来滚去,突然他发现妈妈不见了,吓得哇哇大哭起来。那时候,妈妈正躲在远远的地方看着小鹏呢,说真的,妈妈也有些手足无措,不知道应该怎么办才好。

很多父母都经历过孩子当众撒泼打滚的这种情况,也都感到很尴尬,那么,孩子为什么会做出当众撒泼打滚的举动呢?这是因为父母曾经纵容孩子这样的举动,所以孩子才会变本加厉。孩子第一次做出这样的举动,原因是可以深究的,例如他们通过观察家人或者是身边其他人的举动学会了撒泼打滚,或者因动画片中的角色学会了这个举动。很多孩子在看动画片的过程中,不知不觉间就模仿了一些错误的言行举止,他们觉得这些行为很机智很有趣。也有些孩子在目睹了撒泼打滚的言行后,意识到这样的行为能够对他人产生威胁和震慑的作用,使自己的欲望得到满足，因而就更热衷于使用这样的方式要挟父母或者其他长辈。

孩子的模仿能力是很强的，他们因为年幼，缺乏人生经验，判断能力低下，对于很多事情都不能进行理性的思考。在这种情况下，父母要与孩子之间进行更好的沟通和交流，也要坚持正面管教理念的核心原则，那就是和善而坚定。在上述事例中，当小鹏撒泼打滚的时候，妈妈一开始还能保持理性的情绪，后来却对小鹏说出了一些刺激性的话，最终促使小鹏做出了更加过激的举动，使得事态的发展不可控制。

当孩子想与父母谈条件，并且处于情绪失控边缘的时候，父母有以下的方法可以借鉴。

首先，父母可以采取转移注意力的方法帮助孩子。当关注的重点变了，孩子就不会始终想着自己没有得到满足的欲望，也就不会情绪激动。

其次，在孩子任性撒泼的时候，父母一定要坚持原则，不要对孩子妥协。一旦妥协了一次，那么，孩子就会变本加厉地使用这种方法来与父母谈条件，或者逼迫父母满足他们不合理的欲望与需求。

最后，要保持情绪的冷静和平静，在一旁耐心地等待孩子，而不要在孩子情绪激动的时候离开孩子的身边，否则孩子看到父母已经离开，他们就会更加恐惧，也会哭闹得更加严重，还会误以为自己被抛弃，因而产生心理创伤。在这个事例中，小鹏妈妈前面做得还是很好的，她坚定地告诉孩子不能再买玩具，但是在后面，因为小鹏情绪失控，妈妈也冲动地离开了小鹏，所以这使小鹏更加哭闹不休，也使得事情的发展走向不可控制的局面。

当孩子初次学会模仿他人的不良行为时，父母要及时切断模仿的途径，终止孩子不良的模仿行为，也可以为孩子树立积极的榜样，或者是以做游戏的方式让孩子得到更好的锻炼。当然，模仿应该是孩子主动自发的行为，父母既不要强行禁止孩子模仿，也不要强求孩子一定要模仿。在有模仿的欲望也愿意模仿且有模仿对象的情况下，孩子模仿的效果才会更好。

孩子的成长是一个非常复杂的过程，尤其是在成长的过程中，孩子更是会经历不同的身心发展阶段。对于孩子的各种举动，父母都要怀着理解、宽容的态度，要知道，只有和善坚定的父母才能养育出健康快乐的孩子。如果父母本身的情绪是容易冲动，或者是易暴怒的，那么，在教养孩子的过程中，就会对孩子造成更多的负面影响。

孩子说脏话怎么办

周末，妈妈带着晨晨去公园里玩。晨晨在公园里看到一个小朋友正在玩皮球，看起来和她的年纪差不多大。晨晨很快就

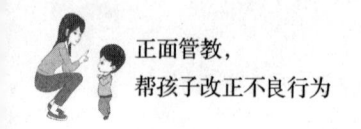

和小朋友玩在了一起。一开始晨晨和小朋友一起追着皮球玩，后来小朋友不想和晨晨一起玩了，就把皮球抱了起来。这个时候，晨晨感到非常生气，她追着小朋友要皮球，小朋友跑来跑去。后来，她追上了小朋友，索性和小朋友抢皮球。晨晨的个子不如小朋友的个子高，最终没有抢过小朋友，这个时候她恶狠狠地咒骂了起来："你这个王八蛋，有皮球却不给我玩，你可真是个王八蛋！"听到晨晨的话，原本还因为孩子们之间在一起玩笑打闹而感到有趣的妈妈当即走了过来，蹲下来，满脸严肃地对晨晨说："晨晨，你为什么骂人呢？"

听到妈妈的质疑，晨晨却丝毫不以为然。她对妈妈说："她不给我玩皮球！"妈妈说："那个皮球本来就是那个小朋友的，又不是你的，人家给你玩你就玩，人家不给你玩，你要好好跟人家商量。如果人家确实不想跟你玩，那么你只能不玩，明白了吗？"晨晨愤愤不平地再次说："他是个王八蛋！"听到晨晨又说了这句脏话，妈妈震惊极了，从小到大，晨晨还没有说过脏话呢。妈妈把声音提高八度，责怪晨晨："你这是跟谁学会了说脏话，还说得这么难听啊！"妈妈赶紧要求晨晨和那位小朋友道歉。在妈妈的强烈要求下，晨晨心不甘情不愿地和小朋友道歉。妈妈询问晨晨和谁学会了说脏话，晨晨却倔强地一言不发。

回到家里之后，妈妈和奶奶说起了晨晨说脏话的事情，奶奶听了之后恍然大悟地说："最近，小区里新来了一个老太

第二章
搞定熊孩子——纠正孩子那些让人尴尬的行为

太,是从农村来的。这个老太太说话的时候脏话连篇,因为晨晨和她的孙子玩,所以我们就站在一起聊了一会儿天。晨晨肯定无意间听到她说脏话,就学会了。"妈妈赶紧对奶奶说:"以后不要跟这个老奶奶玩了,至少这段时间不要跟这个老奶奶玩了,等到晨晨改掉说脏话的坏习惯再说吧,孩子的模仿能力很强,我们家里没有人说脏话,在外面玩的时候也要注意,不要和说脏话的人在一起玩。"

在日常生活中,孩子会突然之间冒出一句脏话来,作为父母难免会感到震惊,不知道孩子何时学会了说脏话。实际上,孩子的模仿能力是很强的,哪怕家庭中没有人说脏话,如果出去玩的时候听到有人说脏话,孩子也很容易记住。有些孩子根本不知道脏话的意思是什么,他们只是觉得说脏话很好玩,也有的孩子知道说脏话是不好的,但是在愤怒意识的驱使之下,他们会情不自禁地以说脏话的方式发泄愤怒。

那么,父母要如何区分孩子说脏话的两种不同驱动力呢?首先,如果孩子觉得说脏话能发泄愤怒,那么他们在说脏话的时候会表现出非常愤怒的样子。通常情况下,他们面对一些实力比自己强的对手,会以说脏话的方式占据上风,逞一时之强。例如有些孩子在被爸妈严肃批评的时候,也有可能会说爸爸妈妈一些脏话,这是因为他们知道自己的实力无法与爸爸妈妈抗衡,所以就只能以这样的方式来表达对爸爸妈妈的不满和怨愤。

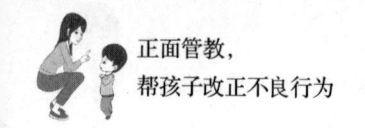

如果孩子是因为觉得说脏话好玩而说脏话，那么他们在说脏话的时候非但不会感到愤怒，反而会表现出很高兴的状态，尤其是在看到老师父母听到他们说脏话时瞠目结舌的样子，他们就会觉得很开心。对于这样的孩子，在发现他们说脏话的时候，不要表现出震惊，可以毫无反应地面对他们说脏话的行为，这样就避免了强化孩子说脏话的负面行为，也让孩子渐渐地忘掉脏话。

孩子处于语言发展期时，会对语言特别敏感。对于那些自己从来没有听过的话，他们会觉得很新奇，所以父母为了让孩子杜绝说脏话，应该净化孩子成长的语言环境，在家庭生活中要做到杜绝说脏话，这样才能避免给孩子以负面影响。也有一些孩子说脏话是为了引起父母的注意，很多父母每天忙于工作，他们看似和孩子生活在一起，却很少关注和陪伴孩子，日久天长，孩子未免会觉得失落。当发现说脏话能够引起父母的关注时，他们就会以这样的方式吸引父母的关注。

大多数孩子说脏话是为了发泄自己的负面情绪，平衡自己的内心，那么父母可以教会孩子其他的方式发泄情绪，例如让孩子在生气的时候跑步，或者是大喊大叫，或者是打拳击，这些都是很好的发泄愤怒的方式，都可以帮助孩子泄愤。当孩子通过正确渠道宣泄了负面情绪和不良情绪，他们就无需再以说脏话的方式进行消极的发泄。

必须注意的是，父母即使脾气急躁，也不要当着孩子的

第二章
搞定熊孩子——纠正孩子那些让人尴尬的行为

面说脏话。很多父母每当发现孩子说脏话，就会对孩子严厉指责，甚至还会侮辱孩子，这会伤害孩子的自尊心。父母不要因为孩子说脏话而觉得好笑。有些父母看到小小年纪的孩子说出恶狠狠的脏话，认为这是一种有趣的行为，却不知道当孩子说脏话时，父母却忍俊不禁地笑起来，孩子就会变本加厉。

总而言之，教育孩子必须面面俱到，才能够培养孩子良好的行为习惯，帮助孩子戒掉不良的行为习惯。作为父母，一定要时时处处都注意给孩子树立良好的榜样，也要给予孩子正确的示范。如果父母对孩子起到误导作用，孩子在言行方面就会表现糟糕，很多行为一旦养成了习惯，再想戒除就会很难。我们一定要在行为刚刚表现出来的时候，就采取有效的措施进行干预或者是根治。

孩子是个"人来疯"怎么办

周末，小姨来家里做客，可可最喜欢小姨了，因为小姨每次来都会给她带一些礼物，还有好吃的零食。这次也不例外，可可拿到小姨带来的礼物和零食，感谢完小姨之后，突然想起了一件事情，她兴奋地对小姨说："小姨，妈妈给我买了一条公主裙，穿上就像真正的公主一样。你快跟我去看看吧！"这个时候，小姨正急着和妈妈说一些重要的事情呢，可可却死拉

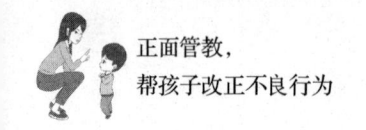

硬拽,拽着小姨去她的房间,小姨感到非常为难。

妈妈见状对可可说:"可可,小姨有事情要跟妈妈说,你先去玩,等到妈妈和小姨说完重要的事情,你再穿裙子给小姨看,好不好?"可可马上不高兴起来,撅着小嘴一连声地说:"不嘛,不嘛,不嘛!我就要让小姨看我穿公主裙。"说着,可可拉着小姨的手就往房间里走去。

妈妈无奈,只好让小姨先跟可可去看公主裙。就在小姨到来之前,妈妈刚刚收拾完房间,所以她提醒可可:"可可,你只能穿那件公主裙,不要把衣柜弄得乱七八糟。衣柜我是今天上午才刚刚收拾完的,累死我了!"可可嘴里答应着妈妈,到了房间之后,她既想穿公主裙给小姨看,还想穿其他各种款式的衣服给小姨看。她带着小姨才进入房间半个小时,就把衣柜翻得乱七八糟。小姨呢,一脸苦笑地看着可可。

妈妈来到房间里,看到衣柜里的衣服满天飞,看到自己辛辛苦苦收拾的房间在短时间内就变得乱七八糟,忍不住训斥可可:"你这个孩子怎么是个人来疯啊!没有人来,你好好的,只要有人来,你就马上变得疯疯癫癫的。"听到妈妈的话,小姨有些尴尬地说:"哎呀,我真是添乱,我要是打电话跟你说这件事情就好了。我来到家里,还害得可可被批评了,又给你增加了额外的家务负担。"妈妈这才意识到自己说话有些不过脑子,赶紧对小姨解释道:"这件事情跟你没关系,我希望你经常来家里陪我坐一坐。就是这个丫头太疯了,只要家里来客

第二章
搞定熊孩子——纠正孩子那些让人尴尬的行为

人,她就不受控制了。"接下来的时间里,虽然妈妈尽力弥补,但是小姨三言两语地跟妈妈说了要说的事情之后,连午饭都没吃就告辞了。

想到这件事情都是因为可可而起,妈妈非常生气。小姨才刚刚走,可能还没有走到楼下呢,妈妈就大声地训斥可可,把可可给训哭了。

很多父母都发现,每当家里来个人的时候,原本听话乖巧的孩子就会做出很反常的举动,这是为什么呢?他们表现得非常兴奋,而且会做出一些不同寻常的行为。面对孩子过于兴奋的表现,父母们往往无法理解。实际上从心理学的角度来说,孩子只是因为表现欲太强,想引起他人的关注,所以才会做出这样的举动。很多父母只关注到孩子的行为,而很少分析孩子行为背后隐藏的心理需求和心理原因,也会因为孩子做出人来疯的表现,就严肃地训斥孩子。父母要理解,孩子之所以做出人来疯的表现并不是故意捣乱,而是因为他们想要吸引父母或者是客人的关注,他们想要获得情感或者物质上的满足,所以才会如同变了个人一样。

也有一些孩子会有钻空子的行为。他们平日里可能被父母管教得比较严,但是在来了客人之后,父母碍于客人的面子无法批评他们,所以他们就会肆无忌惮地做一些平时不能做的事情。正是因为如此,有些孩子才会在家里来客人的时候疯狂玩闹嬉笑之外,还会提出一些过分的要求,例如他们一会儿要看

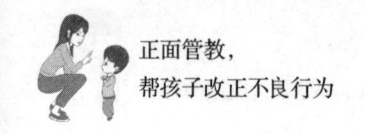

电视，一会儿要吃冷饮，一会儿要吃零食，一会儿要玩游戏。总而言之，他们花样百出，父母却因为有客人在场而不得不努力克制情绪，避免当着客人的面批评他们。

为了避免孩子出现人来疯的情况，父母要在日常管教孩子的过程中就多多注意，例如父母不要压抑孩子活泼好动的天性，孩子只有在日常生活中得到释放，才不会在来客人的时候如同脱缰的野马一样肆无忌惮。大多数孩子之所以有人来疯的表现，就是因为他们的表现欲很强，想要吸引客人的注意。为了满足孩子这样的心理需求，父母可以安排孩子在客人面前展示一些才艺，也可以和客人一起夸赞孩子。当孩子的心理需求得到满足之后，他们就会乖乖地去做自己想做的事情啦！

例如，父母可以让孩子给客人背诵一首古诗，表演一支舞蹈，或者是唱一首歌，这样都可以满足孩子自我表现的需求。有一些孩子是热情好客的小主人，那么父母除了要招待好客人之外，也可以安排孩子给客人端茶倒水，为客人送上一些水果，这样都能够转移孩子的注意力，让孩子把更多的精力用于照顾好客人。

当孩子的人来疯表现的确太过分的时候，父母还可以带着孩子去房间里避开客人的面，告诉孩子他们的行为是不对的，并且告诉孩子这样做会引起怎样严重的后果。这样一来，孩子会就会有所收敛。年纪小的孩子往往缺乏自控力，父母为了吸引孩子的注意力，还可以安排孩子做一些有趣的事情，从而让孩子专注于某件事情，也就无暇去给客人捣乱了。

　　需要注意的是，尽量不要当着客人的面大声训斥孩子，这样会损伤孩子的自尊心，让孩子丢面子。古人云，人前教子，人后训妻。这句话放在现代社会已经不合适了，即使年幼的孩子也是很爱面子的，父母也要有意识地维护他们的自尊，所以父母切勿当着他人的面训斥孩子，以免孩子变得胆小怯懦，也因为自尊心受到伤害而自暴自弃。

孩子吮吸手指为哪般

　　球球四岁的时候和爸爸妈妈一起搬新家了。在四岁之前，球球一直和爸爸妈妈住在一个房间，他的小床就紧挨着爸爸妈妈的床，所以每天晚上球球都可以跟爸爸妈妈玩闹一会儿，再安安静静地睡觉。夜里，球球如果想撒尿或者是想喝水，爸爸妈妈会第一时间就起床照顾他。借着搬新家的机会，爸爸妈妈决定给球球分房间，让球球在独立到房间里睡觉。

　　想到自己即将独自在小房间里睡觉，球球感到非常紧张。他想跟爸爸妈妈再睡一段时间，但是爸爸妈妈却不愿意。无奈之下，球球只好睡到自己的房间里。第一天晚上，他就因为感到害怕，请求爸爸妈妈陪伴他。爸爸给球球讲了两个故事，就让球球关灯睡觉。球球躺在黑漆漆的房间里感到很害怕，他不

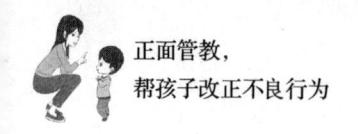

知不觉间就把手指头放在嘴里吮吸了起来。就这样，他很快睡着了。次日，妈妈去球球房间里的时候，发现球球还含着手指头呢。妈妈赶紧把球球手指头从嘴巴里拿了出来。

妈妈原本以为球球很快就会忘记这件事情，但是没想到随着独立入睡的时间越来越长，球球越来越喜欢吮吸手指头，妈妈这才意识到球球有了不好的行为习惯。虽然妈妈几次三番地提醒球球不要吃手指，但是球球却并没有及时改正过来。一个偶然的机会，妈妈听到一位心理学专家的讲座，这才知道球球是因为感到紧张或者是害怕才做出了这样的行为。再结合球球是从搬家分房间之后才开始吮吸手指头的这个情况，妈妈很确定球球是因为独自睡觉感到很害怕，才会以这样的方式寻找感情寄托。

年幼的孩子在感到紧张无聊或者是恐惧害怕、缺乏安全感的时候，就会出现一种独特的肢体行为，吮吸手指就是表现之一。也有些孩子因为处于口唇敏感期，所以表现会更加明显。有一些孩子在养成这样的行为习惯之后，等到三岁之后甚至更大一些，也依然会保持这样的行为。在忙碌充实的情况下，或者是在感到安全的情况下，他们的行为表现是非常正常的，但是在感到紧张忐忑的情况下，或者是无聊乏味的情况下，他们就会不知不觉地把手指放在嘴巴里吮吸。正是因为如此，才有人说孩子有一根蜜手指。

要想帮助孩子纠正这样的行为习惯，父母就要知道孩子在

第二章
搞定熊孩子——纠正孩子那些让人尴尬的行为

吮吸手指的行为背后隐藏的心理原因,这样才能够有效地帮助孩子。

首先,如果孩子是因为缺乏安全感而吮吸手指,那么父母要帮助孩子建立安全感。例如孩子怕黑,那么要告诉孩子黑暗中也是非常安全的;再如孩子不想一个人睡觉,那么可以在孩子睡前的时候陪伴孩子,等到孩子睡着了再离开,从而渐渐地杜绝孩子吮吸手指的行为。

其次,孩子的手每天都要触摸各种各样的东西,所以就会在不知不觉间沾染上很多的病菌和细菌。如果孩子经常吮吸手指,就会因为感染病菌或者是细菌而生病,生病显然是非常痛苦的,孩子不但需要吃药,如果病情严重,还有可能因此需要打针。所以孩子在吮吸手指造成了严重后果之后,他们就会主动地反思,因而努力地戒掉吮吸手指的不良行为习惯。

最后,如果孩子是因为不知道如何表达紧张的情绪而吮吸手指,那么当意识到孩子会感到紧张或者恐惧的时候,就要给予孩子心理上的安抚,也可以用语言指导孩子缓解紧张焦虑的情绪,还可以教会孩子正确的表达情绪的方式。在此过程中,最重要的是要先认可和接纳孩子的情绪,告诉孩子爸爸妈妈始终在他的身边,告诉孩子爸爸妈妈知道他有些紧张。这样的认可能够有效地帮助孩子缓解紧张的情绪,引导孩子做出正确的情绪反应。

洞察孩子行为背后的心理原因,并且有的放矢地给予孩子

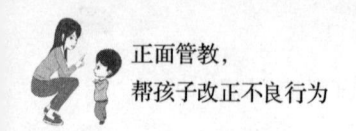

一定的帮助和安抚，才能够让孩子的行为表现有所好转，切勿由着孩子吮吸手指，否则就会影响孩子的身体健康，也不要强行禁止孩子吮吸手指，这样会让孩子的内心感到更加不安。孩子的内心正处于快速的发展之中，是非常敏感而又脆弱的，父母要以孩子能够接受的方式与孩子沟通，这样才能让孩子得到想要的安全感和帮助。

第三章
学会和谐相处——纠正孩子社交中的不良行为

孩子的成长离不开同龄人的陪伴,在社会交往中,孩子会出现很多的不良行为,父母要坚持正面管教的理念,引导孩子与他人和谐相处,这样孩子才能结交更多的朋友,拥有更美好的友谊,让成长充实而又快乐。

培养孩子诚实守信的优秀品质

丁丁正在读小学二年级，他在学习上的表现非常好，但是他在人际交往方面的表现却不如人意。这是因为他有一个不守信用的坏习惯。每次在学校里借用了其他同学的橡皮，他总是忘记还回去；有的时候，他允诺其他同学要做的事情，也往往会抛之脑后，根本不记得去做。

有一次，丁丁和好朋友约好周六一起去家附近的小公园里玩，约定的时间到了，朋友在小公园里等着丁丁，但是过了很长时间，丁丁都没有去。朋友等了半天都没有等到丁丁，只好黯然回家了。周一，朋友问丁丁为何没有赴约，丁丁一拍脑门喊道："哎呀，我忘了！我家来客人了，我就把和你去公园里玩的这件事情忘记了。"朋友非常生气地撅着嘴巴对丁丁说："你这样子，下次谁还能跟你约着一起去玩啊。反正我是不想再跟你约着一起出去玩了。"

孩子为什么会出现失信的行为表现呢？在中华民族的传统美德中，诚实守信是优良的品德，失信于人却是不道德的行为。孩子在与人相处的过程中，如果能够做到诚实守信，就能够得到他人的信任；如果总是失信于他人，那么日久天长，他们就很难再次赢得他人的信任，也会因此而陷入孤独寂寞的成

第三章
学会和谐相处——纠正孩子社交中的不良行为

长境遇中。

一个人只有做到言而有信，才能赢得他人的信赖；一个人如果总是言而无信，那么别人就不愿意与他交往。很多孩子在和同学或者朋友交往的时候，总是会对同学或者朋友做出一些承诺，但是后来却因为各种各样的原因而没有兑现承诺。父母一定要找到孩子出现失信行为背后的原因，才能够有效地培养孩子诚实守信的优秀品质。

首先，有的孩子只是因为一时兴起而答应了别人某件事情，等到这件事情过后，他们却会因为其他的一些事情受到干扰而忘记了兑现承诺，这是他们失信的根本原因。例如大多数孩子都很贪玩，他们会因为贪玩而无法完成老师交代的任务，或者忘记与同学的约定。

其次，孩子在答应别人一些事情之后冷静下来，仔细一想又感到后悔了。很多孩子很容易冲动，他们既会因为冲动而做出一些承诺，也会因为恢复理性或者预见到后果而不愿意兑现承诺。很多孩子都有这样的心理现象，这并不意味着孩子的品质有很严重的问题，孩子所做的行为是符合他们的身心发展规律的。在此过程中，父母要引导孩子言必出，行必果，哪怕对于自己说出去的话感到懊悔，也应该排除万难兑现承诺。

最后，孩子在想兑现承诺的时候，父母会对孩子加以阻挠。例如很多孩子都有分享的意识，他们有了好吃的、好玩的，都会与同学或者朋友一起分享。在这种情况下，父母却会

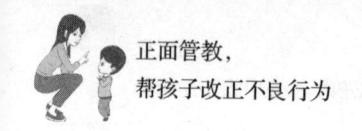

感到心疼，他们看到自己给孩子买的好吃的都被孩子分给其他孩子了，也看到自己给孩子买的玩具都被孩子与人分享了，因而会阻挠孩子，这也是孩子失信的一个重要原因。作为父母，要知道任何人都无法取代同龄人在孩子成长过程中所起到的重要作用，所以不要因为珍惜这点东西，或者是吃的零食，或者是玩的玩具，就阻挠孩子与小伙伴分享，这对孩子长远成长是非常不利的。

当然，还有一种情况也是我们需要考虑到的，那就是孩子会出于本能的利己主义而考虑，为了逃避承担某种责任，为了逃避付出，而采取而不讲信用的方式趋利避害。这实际是符合人性弱点的，可以让人暂时地保全自我或者得到好处，但是从长远来看，这样做是得不偿失的。

为了培养孩子诚实守信的优秀品质，父母在日常生活教育孩子的过程中，应该以身示范，给孩子做好榜样。现实生活中，很多成人也会有失信于人的行为，父母一定要杜绝出现这样的情况，才能对孩子施以积极的影响。

有些孩子为了逞强，常常会轻易地做出承诺，那么，父母就要引导孩子正确地认识和评估自己的能力，对于自己确实无法做到的事情，一定不要轻易许诺；对于自己许诺的事情，就要拼尽全力去做到，这样才是对自己和他人负责任。

当发现孩子言行不一的表现时，父母要指出孩子行为上的错误，告诉孩子诚实守信的道理。孩子的成长离不开父母的引导，没有任何孩子从出生就能够具备各种优秀的品质，而要在后天成长的过程中提升自己的思想水平，增强自己的能力，铸就自己的优秀品质。

在此过程中，父母还要督促孩子经常进行自我提醒，例如把重要的事情写在显眼的地方，提醒自己按时去做。此外，每天睡觉之前都要反思自己当天的言行举止，认可自己做得好的地方，反省自己做得不好的地方，这样才能时时督促自己有更好的表现。总而言之，培养孩子诚实守信的优秀品质，对孩子的一生都是至关重要的，但不要怀着急功近利的心态，这需要漫长的过程，也需要父母对孩子用心进行雕琢才能最终实现。

让孩子充满同情心

同情心是一种珍贵的感情。具体来说，同情心就是对他人表现出关心。作为父母，应该培养孩子的同情心，让孩子养成同情他人的好习惯。通常情况下，富有同情心的孩子性格温顺，非常善良，而且他们经常对他人施以援手，因而也会得到他人的尊重。在人际交往的过程中，富有同情心的孩子处处受人欢迎。他们总是慷慨热情，很愿意帮助他人。这对于他们的成长具有重要的意义。与此恰恰相反，有些孩子性格冷漠，非常自私任性，对他人缺乏同情心。这使得他们在人际交往中表现出冷漠孤僻的性格特点，所以很难发展人际关系，也不能够赢得他人的信任。

心理学专家曾经对同情心进行过专门的研究，发现同情心是发自内心的一种优秀品质，而不仅仅是浮于表面的一种行为表现。曾经有一位名人说，同情心是高尚的品质，能够在付诸行动之后升华人格。现代社会中，大多数家庭里都只有一个孩子，他们从小就在父母无微不至的关注和照顾下成长，不管有什么需求和愿望都能够得到满足，这渐渐使得孩子养成了以自我为中心、自私任性的性格特点。很多孩子都认为自己理所当然要享受现有的一切，所以他们变得越来越自私，更加缺乏同情心。即使看到那些值得同情的人，他们也不会怜悯，更不会设身处地地为他人着想。

这样的孩子在进入社会之后，因为自私和缺乏同情心，很难与他人之间建立良好的关系。如果人与人之间的关系都是这样自私和冷漠的，那么对于整个社会的发展是没有好处的。每一个为人父母者，都希望自己的孩子热情，具有同情心，宽容博爱，也拥有责任心。既然如此，就不要在孩子小时候无限度地纵容，而是要引导孩子拥有更博大的胸怀，也让孩子知道只有我为人人，才能人人为我。

趁着节假日，妈妈带着刘东去景区里玩。刘东是独生子女，没有兄弟姐妹，而且刘东的爸爸妈妈也都是独生子女，这就意味着刘东得到了爷爷奶奶、姥姥姥爷和爸爸妈妈所有的

第三章
学会和谐相处——纠正孩子社交中的不良行为

爱。他从小就过着衣食无忧的生活，从来没有缺过钱，缺过物，不管有什么愿望都能够在第一时间得到满足。正是因为如此，他对于现实生活的现状并不满意，反而常常抱怨爸爸妈妈没有为他提供更优渥的成长条件。

妈妈和刘东一起在景区里闲逛，正在这个时候，妈妈看到不远处的路边有一个乞丐正在乞讨，这个乞丐还带着一个年幼的孩子呢。妈妈很想借此机会教育刘东，因而她故意带着刘东走到乞丐面前，而且放缓了速度。正如妈妈所预见的，刘东在看到乞丐之后，没有任何表示，他反而拉着妈妈快步走开，准备去买冰激凌。这个时候，妈妈对刘东说："你看，路边有乞丐。"刘东冷漠地看了一眼乞丐，说："妈妈，快一点，我想早点吃到冰激凌。"妈妈索性拉着刘东站在那里，对刘东说："你看到乞丐有什么想法吗？"刘东莫名其妙地反问妈妈："我为什么要有想法呢？"妈妈耐心地引导刘东："乞丐缺衣少食，你觉得他可怜不可怜呢？"刘东想了想，问妈妈："他为什么缺衣少食呢？"妈妈对刘东说："我也不知道他为何缺衣少食，但是现实的情况是他的确需要帮助。你愿意对他伸出援手吗？"

刘东想了想，摇了摇头，说："我只带了50元钱，这可是我一个月的零花钱呢。我可不想送给乞丐。"这个时候，妈妈对刘东说："虽然你不想把所有的钱送给乞丐，但是你可以尽自己的力量给他一点帮助。你看看，那个乞丐还带着孩子呢，

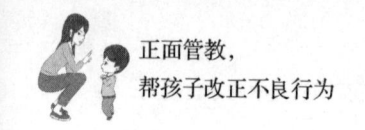

孩子也跟着乞讨，没有吃，没有喝，也没有任何玩具，更没有良好的教育条件，他可真可怜呀！他不像有的孩子从出生就可以在很好的家庭环境中成长，却不感到满足。"听了妈妈的话，刘东若有所思，他沉思片刻之后对妈妈说："妈妈，那我给这个乞丐10元钱吧。待会儿，我可以买两个冰激凌，送一个冰激凌给乞丐的孩子吃，好不好？"

妈妈这才点点头，对刘东说："虽然我们的能力有限，但是我们要力所能及地帮助他人。今天我们同情了他人，帮助了他人，说不定有一天他人就会帮助我们呢。"说着，妈妈拿出20元钱递给刘东，说："你出10元钱，妈妈出20元钱，让我们一起来帮助他，好不好？"刘东重重地点点头。

把30元钱给了乞丐之后，刘东快速走到冷饮摊前，买了两个冰激凌，送了一个冰激凌给乞丐的孩子。乞丐的孩子非常开心，他就像过节一样兴奋得手舞足蹈。妈妈对刘东说："看吧，只是吃了一个冰激凌，他就这么开心，因为他平日里从没有享受过很好的生活，所以我们拥有好生活的人要学会珍惜，明白吗？"刘东听了妈妈话，陷入了沉思之中。

在孩子漫长的人生中，他们接触的第一任老师就是父母，他们模仿的第一个对象也是父母。孩子虽然看来还很小，但是他们却很认真细心地观察父母，会把父母的言行举止都看在眼里。父母要想教育好孩子，就要给孩子做好榜样；父母要想培养孩子优秀的品质，自己首先应该拥有这些优秀的品质，这样才能用实际行动教育孩子。

同情心并不是与生俱来的，而是需要在后天的成长中渐渐形成的。父母在教育孩子的过程中，要更注重培养孩子的品质，让孩子具有同情心，引导孩子对他人产生共情，也能够为他人着想。富有同情心的孩子还能构建完美的个性，也才能具有优秀的品质。具体来说，父母应该做到以下几点，才能积极地培养孩子的同情心。

首先，要培养孩子的感恩之心，让孩子学会关心父母。孩子从出生开始，就在父母的悉心照顾下成长和生活。如果孩子对于父母都不能怀有感恩之心和同情心，那么他们对于世界就会非常冷漠，所以父母引导孩子同情他人，培养孩子的同情心，要从让孩子从感恩父母开始做起。为了激发孩子的同情心和感恩之心，父母生病的时候可以积极地向孩子寻求帮助，也可以把自己的感受主动地向孩子倾诉。当父母坚持这么做，渐渐地就能够让孩子意识到自己是应该主动关心父母的。

其次，父母要引导孩子同情和关心朋友，或者是同学，或者是与孩子亲密相处的同龄人伙伴。他们每天都会和孩子一起学习，一起玩耍，当他们因为玩耍而不小心受到伤害的时候，或者他们感到不开心的时候，妈妈要引导孩子们主动地关心朋友，帮助朋友，这样孩子就会渐渐地提升共情的能力，以同情心与身边的人更好地相处。

再次，对于自然界中的花草树木和各种小动物，也要培养孩子关心和保护它们的好习惯。人是万物的主宰，应该为构建和谐美好的自然环境贡献力量，既要对小动物们充满同情心，也要保护花草树木，这样才能维护良好的自然生态环境，共创人类的美好家园。

最后，要丰富孩子的人生体验。很多孩子之所以缺乏同情心，是因为他们很难对他人产生共情。他们自身的人生经历是非常少的，对于自己不曾感受过的痛苦，即使他人正在承受，他们也很难体会到。例如，一个孩子从来没有吃过苦，当别人对他说起苦涩的滋味时，他就不能感同身受。从这个意义上来说，父母要丰富孩子的人生体验，给孩子更多的机会去亲身体验和感受。如果孩子对于人生百味都有了感受，那么，当身边有人品尝人生百味中任何滋味的时候，他们就能够具有更强的共情能力，也能够与对方产生情感上的共鸣，这就为同情心的培养奠定了坚实的心理基础。

总而言之，对孩子而言，同情心是非常重要的。只有充满博爱的孩子才会拥有同情心，只有拥有同情心的孩子才会对生活充满热情，充满激情，也能够凭着爱创造奇迹。

帮助孩子改正欺凌弱小的行为

大自然界遵循着弱肉强食的生存规则，人类社会中，很多

第三章 学会和谐相处——纠正孩子社交中的不良行为

强大的人也会欺负那些弱小者。父母应该营造一个充满爱心的环境，让孩子在成长的过程中能够改掉欺凌弱小者的坏习惯，从而积极地帮助那些弱小者，与弱小者之间建立良好的关系。

孩子为何喜欢横行霸道，欺负那些弱小者呢？究其原因，他们想表现出自己的强壮和强大。很多孩子对于自身都缺乏正确的认知，也不知道如何才能彰显自己的能力，所以他们就会用打人的方式进行自我夸耀。他们缺乏爱心，缺乏同情心，因而常常喜欢欺负弱小。作为父母，当发现孩子出现这样的不良行为倾向时，一定要及时制止孩子继续这么去做，也要教育和引导孩子与他人友好相处。否则，孩子一旦养成了恃强凌弱的坏习惯，将来长大成人之后就会因此而走上歧途，导致人生出现偏差。

当然，孩子并非是生而就欺凌弱小，他们之所以喜欢欺负弱小，有以下几种原因。

首先，很多孩子都是独生子女。在家庭生活中，他们得到了父母和长辈的宠爱。父母和长辈总是以孩子为中心，无限度地满足孩子各种欲望和要求，这使得孩子越来越任性霸道，嚣张跋扈，也使得孩子形成了以自我为中心的错误思想。这使他们很难融入同龄人的群体之中，与同龄人相处的时候也会遇到很多难题。在教养孩子过程中，父母应该多多关注孩子在人际交往中的表现，给予孩子正确的引导，帮助孩子形成合作的意识，让孩子乐于分享。

其次，受到了父母的负面影响。在很多家庭教育中，父母本身就简单粗暴，甚至不讲道理，有的时候还会做出打骂孩子的行为。这使孩子在无形中受到了父母的负面影响，也变得蛮横霸道、野蛮粗俗。这样一来，孩子在与同龄人相处的时候，就会出现恃强凌弱的暴力倾向。

再次，孩子不知道除了暴力之外，还有什么解决问题的好方法。很多孩子之所以用暴力解决问题，是因为他们习惯性地认为暴力是解决问题的唯一方式。如果孩子能够掌握暴力之外更好的方式解决问题，那么，相信他们会采取积极的方式面对和处理各种问题，而不会简单粗暴。所以，父母可以有意识地教会孩子很多有效解决问题的好方式，避免孩子总是用暴力解决问题。

最后，不要让孩子沉迷于充满暴力与血腥的网络游戏或者是影视片之中。孩子的模仿能力是很强的，他们的判断能力和甄别能力都很弱，往往会因为在影视片或者是游戏中看到过多的暴力血腥镜头而盲目地模仿，导致出现心理上的变化和行为上的改变。

综合以上的四个原因，我们可以发现，孩子之所以恃强凌弱，并不是无缘无故的，而是与他们生活的家庭环境、社会环境以及父母对他们展开教育的方式方法都密切相关。父母只有为孩子营造一个充满爱的良好成长氛围，孩子才能身心健康地快乐成长。

第三章
学会和谐相处——纠正孩子社交中的不良行为

在家庭教育中,当孩子犯错误的时候,父母不要动辄打骂孩子,而是要对孩子晓之以理,动之以情。当父母坚持这么去做的时候,孩子在家庭以外的环境中与他人发生冲突的时候,才能耐心地与他人讲道理,也才会礼貌地对待他人。

此外,父母还要教会孩子学会控制情绪。很多孩子之所以欺凌弱小,是因为他们受到负面情绪的影响,不知道应该如何排遣这种情绪,也不知道如何以正确的方式来解决问题,所以就会在情不自禁中选择了以暴力的方式面对和解决问题。

生活中,父母要培养孩子的爱心,让孩子拥有同情心。正如前文所说的,可以让孩子从孝敬父母,对父母心怀感恩,保护自然界中的花草树木和小动物做起,也可以引导孩子经常参加集体活动,在此过程中与同伴之间建立密切合作、相互尊重的关系,这对于帮助孩子改掉欺凌弱小的行为习惯都是非常有意义的。

当孩子受到他人欺负的时候,父母还可以抓住这个机会让孩子对他人感同身受。例如,告诉孩子被人欺负的感觉是非常糟糕的,让孩子亲身体验到作为弱小被欺负的负面感受,这样孩子才能更深刻地反思自己的行为,主动地改掉欺凌弱小的坏习惯。

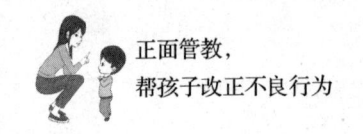

提醒孩子不要在背后议论他人

在学校里,娟娟是一个品学兼优的好学生,从升入初中一年级开始,她在学习上的表现就非常突出,深得各科的老师的喜爱。但是自从开设了化学课程之后,娟娟在学习上就呈现出弱势的状态,这是因为娟娟并不擅长化学学习。她对那些元素、公式、周期表等都感到费解,又因为初三课业加重,所以她在学习上陷入了被动的状态。

有一天,化学老师在课堂上点名让娟娟回答问题,娟娟没有回答上来,被老师严肃地批评了。同学们看到作为三好学生的娟娟居然被老师批评,都觉得有趣。下课之后,同学们还因此而嘲笑娟娟呢,这使娟娟感到很委屈,对老师也产生了不好的印象。

回到家里之后,娟娟对妈妈说:"我不喜欢化学老师,他就像一个猪头,那么愚蠢,居然当堂批评我!"听到娟娟的话,妈妈狠狠地批评了娟娟:"作为学生,如果不尊重老师,是不可能把这门课程学好的。你回答问题没有回答出来,是因为没有好好复习,老师批评你并没有错。老师问你的又不是高精尖的难题,只要认真复习,巩固记忆,就能够把这个问题回答出来。"妈妈的话并没有改变娟娟的做法。后来,在学校里,娟娟不止在一个同学面前诟病化学老师,还经常说化学老师的坏话。渐渐地,娟娟的这些言词都被传到了化学老师的耳

第三章
学会和谐相处——纠正孩子社交中的不良行为

朵里,化学老师对娟娟也印象糟糕。就这样,娟娟的化学成绩越来越差。

青春期孩子都特别爱面子,有的时候父母或者老师无意间对他们说出的话,就会让他们的内心受到伤害。作为父母和老师,当然要注重保护青春期孩子的自尊心,以免青春期孩子觉得伤了面子。但是有的时候,父母和老师难免考虑不周,而且他们并不了解孩子的详细情况,尤其是作为老师,并不了解每个孩子的脾气秉性,也不知道每个孩子的心理承受能力,所以往往在与孩子相处的过程中无意间伤害孩子,使孩子感到无法承受。就像事例中的娟娟,虽然对于很多同学来说在课堂上被批评都是正常的,但是娟娟自从进入初一就品学兼优,所以从来没有被当众批评过,这也使得她对化学老师的批评反应过激,因而采取了错误的方式表达对化学老师的负面情绪。

父母要认识到一个事实,那就是随着孩子不断成长,他们活动的半径和范围会越来越大,父母不可能始终陪伴在孩子的身边,更不可能继续把孩子照顾得无微不至,更不可能把孩子与现实隔离开来。父母要做的不是操控现实,而是要引导孩子正确面对现实,也能够在孩子感到不如意的时候,帮助孩子疏导负面情绪,增强孩子承受挫折和压力的能力。

自古以来,尊师重教都是中华民族的传统美德。古人云,一日为师,终身为父,告诉我们作为学生一定要尊重老师,一定要感恩老师。现代社会中,虽然我们不再尊崇传统的师道,但是却依然要对老师发自内心地尊重,这样才能与老师之间建立良好的关系。不管被老师以怎样的方式去批评、指导,都要坚信老师教育孩子的初衷是好的,并不会恶意地侮辱和伤害孩子。作为父母,要引导孩子不要在背后议论老师或者是他人。

常言道,谁人背后无人说,谁人背后不说人。这句话告诉我们,背后议论他人是一种非常普遍的恶习,每个人都会被他人在背后议论,每个人也会在不知不觉间议论他人。父母唯有从小引导孩子管好自己的嘴巴,才能让孩子谨言慎行。古人云,静坐常思己过,闲谈莫论人非,就是告诉我们要教育孩子自律自省,谦虚谨慎,严于律己,宽以待人,这样才能做到对他人更加宽容,也真正地谅解他人。

俗话说,金无足赤,人无完人,每个人都有各种各样的优点,也有各种各样的缺点和不足。我们不要总是盯着别人的不足,更不要因此对别人说长论短,我们应该以发现的眼睛,看到他人的优点和长处,从他人身上汲取经验,从而进行自我提升。

在小学阶段,孩子对于老师具有很强的向师性,他们认为老师是无所不能的,非常崇拜老师,对于老师对他们的教育,他们也愿意认真倾听,用心铭记。在进入小学高年级和初中之后,孩子对于老师就会怀有质疑的态度,他们会认识到老师也是一个普通的人,也会有优点和缺点,更是会有喜怒哀乐,因而他们对老师的议论会越来越多。在这种情况下,要想让孩子如同以前一样尊重老师显然是很难做到的,但却可以引导孩子客观公正地看待老师，对老师怀有宽容的态度。

除了老师之外，孩子也不应该议论他人。父母应该以身作则。避免当着孩子的面议论他人，也尽量做到不议论他人，这样才能给孩子树立好榜样，对孩子起到积极的影响作用。如果因为发现了他人的缺点而非说不可，那么我们可以坦荡地当着他人的面说出来，与他人之间开诚布公地进行交谈，甚至是进行辩论，这样才能让他人改正缺点。作为喜欢论人长短的孩子，如果意识到自己对他人的评价是不对的，因而积极地改正自己的行为，那么当然会变得更加受人欢迎。

最重要的是要教会孩子辩证唯物主义的方法，让孩子一分为二地看待人和事。孩子既不要只看到他人的优点和长处，以及自己的缺点和不足，因而盲目地崇拜他人，贬低自己，也不要只看到他人的缺点和自己的优点而盲目地狂妄自大，瞧不起他人。人非圣贤，孰能无过，每个人都会有缺点和不足，也会有各种过错，我们既要对他人怀着宽容的态度，也要能够客观地剖析他人的优势和不足，这样才能从他人身上想到自己身上，最终实现与他人共同进步的目的。

培养孩子尊重长辈的好习惯

爸爸妈妈带着壮壮和爷爷奶奶一起生活。每天，奶奶负责家里的一日三餐，非常辛苦。早晨很早，奶奶就要起床给壮壮做早饭，让壮壮吃了去学校。爸爸妈妈因为上班很忙，所以起床之后只能急急急忙忙地洗漱，然后囫囵吃几口早饭，就匆匆忙忙地赶去单位。因而爸爸妈妈经常感谢奶奶为这个家起早贪黑，但是壮壮对此却毫不感恩。

一个周四的早晨，壮壮因为要去学校当升旗手，所以要比往常更提前20分钟到学校。奶奶因此早起了半个小时为壮壮准备早餐。奶奶准备的早餐是西红柿鸡蛋面，壮壮才吃了一口，就突然大声喊道："奶奶，你的西红柿鸡蛋面里怎么放了那么多盐？你想把我齁死吗？"听到壮壮的话，奶奶有些不知所措，赶紧说："啊，太咸了吗？如果不能吃，我赶紧给你做别的，好不好？"壮壮没好气地对奶奶说："难道你不知道我今天要早半个小时去学校吗？你是不是故意捣乱呢？"这个时候，爸爸妈妈洗漱完了走到客厅，听到了壮壮的这句话，爸爸当即生气地批评壮壮："你这个孩子怎么是个白眼狼呀，奶奶起这么早给你做早饭，你还嫌咸了、淡了，最重要的是你还说奶奶是故意的，奶奶能故意害你吗？"妈妈也对壮壮说："壮壮，奶奶每天照顾我们非常辛苦，偶尔做饭咸一次或者淡一次也是难免的。如果让你做饭，你可能一个星期有六次都是过咸的。咸了就放点水吃，但是你必须给奶奶道歉。"

在爸爸妈妈严厉的批评之下，壮壮尽管很不乐意，还是勉强向奶奶道了歉。奶奶呢，眼睛里含着泪水，感到非常委屈，

第三章
学会和谐相处——纠正孩子社交中的不良行为

却又生怕爸爸妈妈因此而批评壮壮，只好强忍着。

现代社会中，很多孩子从小得到了父母和长辈无微不至的照顾，所以他们对于父母和长辈并没有感恩之心。他们之所以觉得一切都是理所当然，并不是因为一时冲动，而是因为他们已经形成了自私任性的坏习惯，也不懂得尊重长辈。当孩子出现这样的行为表现时，父母一定要意识到问题的严重性，要知道冰冻三尺非一日之寒。正是因为平日里过度骄纵和宠爱孩子，才使得孩子缺乏尊重长辈的意识，并且表现得如此不懂礼貌。

壮壮的这种行为就是不文明，不懂礼貌，但是在这个行为背后却表现出孩子缺乏感恩之心，也表现出孩子没有孝心，因而父母要及时对孩子加以引导。事例中，壮壮爸爸妈妈的做法就非常好，看到壮壮对奶奶不尊重，他们马上就对壮壮进行严肃批评，这样至少安慰了奶奶的心，也让壮壮认识到了自己的错误。

对每个人而言，在这个世界上最亲近的人就是自己的父母和自己的长辈。如果在家庭生活中，孩子不能够做到孝敬父母，尊重长辈，那么在进入社会生活之后，他们就不可能与他人和谐友好地相处。作为父母，切勿忽视对孩子的教育，尤其是要培养孩子尊重长辈的传统美德。

现代社会中，拥有这种传统美德的孩子越来越少，太多的孩子都被骄纵宠溺坏了，他们习惯了接受父母和长辈无微不至的照顾，还把父母和长辈当成自己的仆人，对他们颐指气使，

067

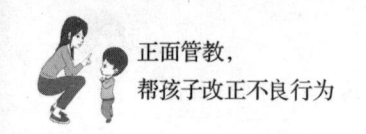

丝毫没有感恩之心。在孩子小时候，父母和长辈也许会对孩子心甘情愿地付出，但是随着孩子不断成长，如果孩子继续对父母和长辈索求无度，不知感恩，那么父母和长辈就会感到心寒。

孩子不尊重长辈，原因并不完全出在孩子身上。在很多家庭里，孩子从小就被娇纵溺爱，因而没有意识到父母和长辈对自己的付出。作为父母，在养育孩子的时候，切勿无限度地纵容孩子，也不要忽略培养孩子的品质。一个人如果吃惯了甜，他就不会觉得蜜很甜，一个人如果吃惯了苦，他就不会觉得苦很苦。为了培养孩子尊重长辈，感恩父母与长辈的良好习惯，父母要及时对孩子放手，对于孩子力所能及的事情，要让孩子去做，从而避免孩子形成万事依赖父母和长辈的坏习惯。在日常生活中，当为孩子付出的时候，父母一定要有限度。只有让孩子有比较，孩子才会知道父母与长辈对他的真爱和无私的付出。

此外，父母还要作为孩子的好榜样，给孩子起到积极的示范作用。有一些父母本身对自己的父母不够尊重，会对父母大声说话，或者是嫌弃父母，甚至还会当着孩子的面训斥父母，这些都会给孩子造成不良的影响。父母只有尊重自己的父母，给孩子做出良好的榜样，孩子才会尊重父母，也才会尊重长辈。在家庭生活中，一定要建立长幼有序的秩序，这样才能培养孩子的孝心。

父母要经常把乌鸦反哺、小羊跪乳等故事讲给孩子听，让孩子知道尊敬长辈、孝敬父母是中华民族的传统美德。通过为孩子讲述这些故事，父母还能够培养孩子的回报之心，切勿让孩子觉得父母对他们做一切事情都是应该的，而是要让孩子知道父母一直在为他们付出，也要让孩子懂得回报父母。在家庭生活中，还要注重仪式，例如当父母或长辈过生日的时候。要让孩子有所表示。孩子虽然还没有赚钱的能力，但是他们可以力所能及地亲手制作一些礼物，向父母和长辈表示孝心。

父母要及时纠正孩子不尊重父母和长辈的不良行为。很多孩子因为骄纵任性，又因为自制力比较差，所以在家庭生活中往往表现得非常任性。父母一旦发现孩子有这样的不良苗头，就要对孩子进行严肃的教育批评。特别是当孩子第一次表现出不尊重长辈的行为时，一定要对孩子动之以情，晓之以理，也要让孩子进行深刻的自我检讨。这么做，既能让孩子主动承认错误，也能让孩子心甘情愿地向父母或被冒犯的长辈道歉，从而起到下不为例的良好作用。

教会孩子不打人、不骂人

曾经有一位教育家说过，没有教不好的孩子，只有不会教的老师。在这里，我们要说没有教不好的孩子，只有不会教的父母。当父母能够坚持正确的教育方法，以正面管教的教育理念为核心，对孩子开展教育，并且对孩子充满耐心，不怕繁

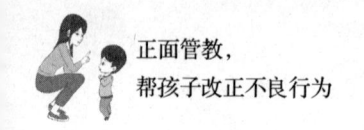

琐，不怕重复，那么在父母耐心的引导下，孩子就能够改掉打人骂人的坏习惯，也能够与同龄人建立良好的人际关系，从而处处受人欢迎。

现实生活，年纪相近的孩子们在一起玩耍，很容易发生矛盾和冲突。在这种情况下，有些孩子就会情绪冲动，不能很好地控制自己，又因为一些其他的原因受到刺激，最终做出打人骂人的极端行为。

孩子不管因为何种原因而打人骂人，父母对此都应该非常重视，切勿觉得孩子还小，打人骂人并不是严重的事情，也不会导致严重的后果，因而就纵容孩子，也不要因为孩子出现打人骂人的行为就打骂和训斥孩子，这样反而会起到事与愿违的效果，使孩子与父母疏远，使家庭教育适得其反。这是两个极端，父母一定要尽力避免。

在教育孩子的过程中，父母要想引导孩子懂得礼貌，坚持讲道理，不打人不骂人，就必须掌握恰到好处的教育方法。

孩子的模仿能力是很强的，很多孩子之所以热衷于打人骂人，是因为他们看到父母在生活中经常吵架拌嘴，甚至动手动脚，也有可能是因为在影视剧或者游戏中经常接触暴力血腥的场面。有一些父母因为看到孩子在成长的过程中经常受人欺负，因而会有意识地纵容孩子，告诉孩子："如果有人打你，你就要打回去。"这样的教育方法虽然看起来让孩子不吃亏，但是却会使孩子养成错误的行为习惯，也会使孩子认为打骂是

第三章
学会和谐相处——纠正孩子社交中的不良行为

解决问题的唯一方式,对于孩子的成长是极其不利的。

在家庭生活中,有一些父母还会因为孩子是家里的一根独苗,因而对孩子万般娇纵,甚至包括爷爷奶奶、姥姥姥爷在内,对孩子都言听计从,这也会使孩子养成唯我独尊的错误自我认知。

孩子出现打人骂人的行为时,父母既不要对此不以为然,也不要对此矫枉过正,而是可以采取以下几种方式对孩子开展引导和帮助。

首先,父母要正面引导孩子,教会孩子解决问题和纷争的正确方法。例如,要告诉孩子讲道理是一种很好的处理方式,讲道理能够以和平的方式解决问题。在此过程中,父母还可以为孩子确立行为边界,让孩子知道自己可以做什么,不能做什么,从而让孩子更好地遵守行为边界。

其次,父母看到孩子打人骂人的时候,切勿因为情绪激动而对孩子采取错误的教育方式。不管孩子做出了怎样的事情,对于成长过程中的孩子而言,这些都是难以避免的,所以父母首先要保持情绪的平静和冷静,这样才能坚持以更好的方式教育孩子。对于被孩子打骂的小伙伴,父母一定要主动表示歉意,并且让孩子向对方道歉,还要让孩子保证不再打人骂人。虽然孩子在道歉或者保证之后,也不能马上改变打人骂人的坏习惯,但是只有这样坚持去做,一次又一次地进行强化的教育,孩子才能取得真正的改变。

再次，一定的惩罚措施是要有的。要奖惩分明，如果孩子有了很大的进步，父母要奖励孩子，从而巩固孩子的进步；如果孩子犯了很严重的错误，那么父母要采取一定的措施给予孩子惩罚，例如可以取消孩子的一些权利，这样就能让孩子知道他们必须为自己的行为负责。

最后，孩子一切行为的背后都是有深层次的心理需求和心理原因的。当发现孩子有异常行为的时候，父母如果不知道孩子异常行为背后的心理原因，就无法对症下药。所以父母要以辩证唯物主义的方法分析孩子打人骂人的深层次原因，这样才能针对不同的心理驱动来采取有效的措施，纠正孩子打人骂人的错误行为。

在人际交往中，不管是成人还是孩子，没有人喜欢跟打人骂人的人相处，所以父母在教育孩子的过程中，不要为了让孩子不吃亏，就对孩子采取错误的教育方式，而是要给予孩子更好的引导和帮助，要把孩子培养成文明懂事讲礼貌的小标兵，这样孩子才能处处受人欢迎，最终建立和谐的融洽的人际关系。

第四章
学会自我安抚——帮孩子改掉坏脾气

孩子正处于成长发育的关键时期,他们的情绪很容易冲动,也有一些孩子会情绪暴躁,性格急躁。那么,如何帮助孩子改掉坏脾气呢?引导孩子进行自我安抚,这是父母需要做好的,这样孩子才能保持平静,理性地面对成长,也才能够抓住各种机会提升自己的能力,让自己成为处处受人欢迎的社交达人。

正面管教，
帮孩子改正不良行为

如何对待爱耍赖的孩子

每天放学回到家里，娜娜都不能在第一时间主动完成作业，她总是会提出各种各样的要求，例如渴了要喝牛奶，饿了要吃面包，又说自己需要补充维生素，要吃水果。总而言之，她总是能使出浑身的十八般武艺逃避做作业。虽然妈妈几次三番规定娜娜必须在放学回到家里的第一时间就完成作业，但是娜娜却拿着面包、牛奶或者是水果坐在电视机前，一边慢悠悠地品尝着美食，一边怡然自得地观看电视节目。看到娜娜这样的表现，妈妈的气就不打一处来。

后来，妈妈决定不再逃避，她要和娜娜正面讨论这个问题。妈妈对娜娜说："放学回到家里，你可以用很短的时间补充能量，但是却不能利用这段时间看电视。"娜娜反问妈妈："为什么不可以呢？我吃东西的时候又不要动脑子，我完全可以利用这个时间看一会儿动画片呀。"妈妈摇摇头，坚决地对娜娜说："你吃东西就吃东西，但是不允许看电视，因为你一旦看电视就会故意慢吞吞地吃东西，这样就拖延了写作业的时间。从另一个方面来说，吃东西的时候看电视还会影响消化功能。让消化功能减弱，也会影响肠道的功能。所以不管从哪个方面来说，你吃东西的时候都不能看电视。"

第四章
学会自我安抚——帮孩子改掉坏脾气

看到自己的小心机被妈妈识破了,娜娜感到非常尴尬,但是她可不愿意一放学回家就写作业呀。经历了一整天辛苦的学习,她感到非常疲惫,回家的第一时间只想休息。因而她当即对妈妈表示抗议:"那可不行。如果你不同意我吃东西的时候看电视,我就必须用半个小时看电视,然后才能开始写作业。"听到娜娜提出这样的要求,妈妈和娜娜进行了辩论,但是最终妈妈还是妥协了。她对娜娜说:"好吧,那你只能看半个小时电视,一分钟都不能多。你必须说到做到,否则我就会取消你的这项权利。"娜娜当即毫不迟疑地答应了妈妈,然而等到真正看了半个小时电视之后,娜娜却以各种理推迟关掉电视的时间。例如,她说这个电视节目还有五分钟就结束了,她想看完再去写作业;这个电视正在精彩的时候呢,她想看到结果,这样就不惦记了,就可以安心去写作业了。

每次娜娜说出来的理由似乎都是能够成立的,所以妈妈有几次都酌情给娜娜延长了看电视的时间。在妈妈的退让之下,娜娜变本加厉,反而更加热衷于耍无赖。有的时候,她明知道还有两分钟就该写作业了,却开始观看一个新的电视节目。一天晚上,娜娜和往常一样央求妈妈让她看完这个电视节目,但是妈妈却毫不迟疑地关掉了电视。妈妈一本正经地对娜娜说:"下一次,如果你还剩两分钟就应该去写作业,那就不要开始观看新的电视节目。如果你开始观看新的电视节目,就不要请求我允许你看完整个电视节目,这是不可能的。所以你下次可

075

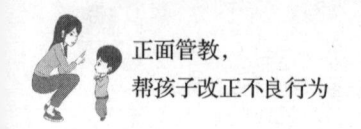

以自己选择看两分钟就关掉电视,也可以选择提前两分钟去写作业,等下一次看电视的时候再看一个完整的电视节目。"听到妈妈分析得头头是道,娜娜无法再为自己开脱,只好同意先关掉电视去写作业,把整个电视节目留着第二天再看。

在这个事例中,娜娜表现出很强的耍赖能力,她为了能够多看一会儿电视,想出各种办法拖延时间,但是她却忽略了妈妈并不是被她欺骗了,而只是因为想给她留下面子,或者是不想让她在看电视的时候因为只看了一半而惦记结局,却没想到她几次三番对妈妈玩弄小心机,妈妈当即斩钉截铁地堵上了漏洞,决不允许她再以这样的方式耍赖。

那些爱耍赖的孩子总会想出千奇百怪的理由为自己开脱,有一些孩子为了能够延长看电视的时间,会说爷爷奶奶正在看电视;还有的孩子会采取哭闹的方式,不愿意当即按照自己所允诺的去做。当孩子有这些耍赖的表现时,父母一定要以正确的态度面对,切勿因为孩子哭闹不休,就向孩子表示妥协,也不要因为考虑到孩子的感受,就不再坚决执行规则。在日常生活中,很多孩子都会提出各种各样的要求,如果父母不能满足他们的这些要求,他们就会以各种方式来赢得父母的同情,从而达到自己的目的,这是父母与孩子在教育领域开展的博弈之术。

也可以说,耍赖是很多孩子的杀手锏。他们会用各种耍赖的方式威胁父母,让父母对他们做出妥协。作为父母,一定要坚持原则,坚定立场。一旦对孩子表示妥协,孩子就会对父母

第四章
学会自我安抚——帮孩子改掉坏脾气

提出更多过分的要求,使父母变得更被动。所以父母必须坚持原则才能为孩子确立行为的边界。通常情况下,孩子之所以会出现耍赖的情况,一则是因为父母始终溺爱他们,使他们养成了任性霸道自私的坏习惯。二则是因为在家庭教育中父母的教育意见不统一,被孩子钻了空子。所以父母哪怕在教育孩子方面持有不同的观点,也切勿当着孩子的面表现出来,而是要统一战线,对孩子开展教育。三则是因为孩子随着年纪的不断增长自我意识越来越强,这使得他们不愿意凡事都被父母安排,而更愿意按照自己的想法去做各种事情。这就使得他们会与父母之间发生更多的矛盾冲突。具体来说,为了避免孩子继续耍赖,或者是避免孩子耍赖的行为变本加厉,父母要做到以下几点。

首先,在不管是在家庭生活中,还是在学习生活中,父母都要为孩子制定规矩,和孩子一起制定计划,这样才能让孩子按部就班地做好自己该做的事情,也可以有效预防孩子耍赖。其次,如果预见到孩子对于某些事情会比较排斥,那么可以事先与孩子做好约定,给孩子一定的时间进行心理缓冲,这样当孩子真正面对某件事情的时候,就能够怀有正确的态度。再次,当孩子对父母耍赖的时候,父母不要对孩子表示妥协,否则就会使孩子变本加厉。在必要的情况下,在保证孩子安全的情况下,可以采取冷处理的方式,让孩子的情绪和行为恢复冷静。最后,父母切勿以撒谎的方式哄骗孩子,让孩子暂时停止耍赖。一旦谎言被孩子识破,父母在孩子面前就会失去威信,孩子也就不愿意再继续信任父母,更不会配合父母好好表现,这样做导致的后果是非常严重的,可以说事与愿违。

总而言之,孩子耍赖的行为表现其实是成长过程中正常的现象,所以父母不要对此如临大敌,也不要反应过度,更不要因此而恐吓孩子。只有以正面的教育理念对待孩子,坚持正面的教育方法,才能让孩子健康茁壮地成长。

当孩子把撒娇当成杀手锏

眼看着五一长假到来了,乐乐在放假开始就在妈妈的督促下制定了完成作业的计划,但是假期的第一天,他就睡到日上三竿才起床,错过了开始完成作业的时间。这使他突然决定要放飞自我,好好享受假期,因而放弃了还没有开始的作业计划。

看到乐乐起床之后也磨磨蹭蹭地不愿意开始作业,妈妈开始唠叨。这个时候,乐乐跑去和爸爸商议,问爸爸:"爸爸,我们原本计划明天去游乐场,可以今天就去吗?"爸爸惊讶地看着可乐,问:"按照计划,今天不是要留在家里完成至少一半的作业吗?明天才能去游乐场。"

乐乐抱着爸爸的脖子开始撒娇:"好爸爸,好爸爸,我今天起晚了,所以没法完成至少50%的作业了。不如我们今天就去游乐场,到了明天我再完成今天的作业。"听起来,乐乐

第四章
学会自我安抚——帮孩子改掉坏脾气

说的似乎有道理,爸爸动摇了,正想答应乐乐的要求时,妈妈推门走了进来。她看到乐乐抱着爸爸的脖子,马上就意识到乐乐正在和爸爸说悄悄话。她当即对爸爸说:"一定要坚持原则,不能随意改变,否则孩子就会用撒娇当作杀手锏,既不愿意遵守规则,也不愿意按照计划完成作业。你可要想清楚再表态,后果很严重,你确定你能负起这个责任吗?"在妈妈的提醒下,爸爸意识到如果轻易地向乐乐妥协,就会导致乐乐无法在假期内按时完成作业,因而爸爸坚定不移地摇摇头,对乐乐说:"你还是去完成作业吧。如果你白天不能完成至少50%的作业,那么我们就取消晚上出去吃火锅的活动。我认为我们必须养成今日事、今日毕的好习惯,爸爸计划今天要读完这本厚厚的书,所以你也不要再浪费爸爸的时间了。我们只有各自做好自己的事情,明天才能按照计划出行。"

看到自己撒娇的伎俩被妈妈识破,而且遭到了妈妈的阻挠,最终落败,乐乐生气地看了妈妈一眼。妈妈假装没有看到乐乐不满的眼神,等到乐乐离开了爸爸的书房,妈妈才对爸爸说:"你一定要硬起心肠来,千万不要看到儿子撒娇就马上缴械投降。你忘记了去年的教训了吗?整整七天的假期,他都没有完成少量的作业,都是因为咱们太娇纵他了。"爸爸认为妈妈所言极是,忍不住连连点头。他说:"的确,的确!我是很容易妥协的,幸好你来得及时,提醒了我,否则我这次又要沦陷了。"妈妈忍不住笑起来说:"如果乐乐再来找你商量什么事情，你就让他来找我吧，我的原则性比你强多了。"

很多孩子都会把撒娇当作杀手锏，希望能够以这样的方式让父母妥协。作为父母，在面对孩子以示弱的方式——撒娇试图达到自己的某些目的时，固然要心疼孩子，却不能因为孩子撒娇就对孩子表示妥协。从儿童心理学的角度来说，撒娇是孩子正常的行为表现，也是亲子交流的重要方式，但是对于孩子撒娇的行为，父母却要加以积极的引导，这样才能帮助孩子形成健全的性格。如果父母总是毫无原则地同意孩子的某些不合理要求，那么孩子就会越来越骄纵任性，也会因此而缺乏规则意识，让自己制定的很多计划都变成了一纸空文。

虽然孩子撒娇会让父母感到心软，但是，当孩子把撒娇作为一种主动的选择，频繁地使用时，父母却要引起警惕。尤其是当孩子对父母提出过度的要求时，即使孩子撒娇，父母也要坚持原则，切勿因为孩子撒娇就对孩子做出不应该做出的让步。

当然，有一些孩子之所以喜欢和父母撒娇，并不意味着他们是想对父母提出不情之请，也有可能是因为他们想要通过与父母亲近的方式来获得安全感。作为父母，要认真甄别这两种情况，对这两种情况加以区别对待。对于孩子为了实现不合理的要求而做出的撒娇举动，父母要坚持原则，不能妥协；对于孩子为了获得安全感而做出了撒娇举动，父母可以更加宠溺孩子，与孩子亲近，从而给予孩子安全感，这样才能与孩子感情深厚，也对孩子进行更好的教育。

第四章
学会自我安抚——帮孩子改掉坏脾气

看到这里,也许有些父母会说当孩子做出撒娇的举动之后,我们很难拒绝孩子,让孩子感到失落。其实,为了避免孩子在撒娇之后没有实现目的而感到失落,父母有一个很好的方式可以用来对待孩子。举个简单的例子来说,孩子亲吻了父母,希望父母能够对他们更加亲近,在这样的情况下,父母也可以亲吻孩子,并且告诉孩子爸爸妈妈都很爱他。与此同时,父母还可以告诉孩子自己的原则和底线,这样就能打消孩子提出不情之请的想法。

其次,有一些孩子撒娇过度,不管有什么需求,都会以撒娇的方式要求父母。对于这样的孩子,父母要适度答应孩子的要求,而不要对孩子有求必应。如果父母明知道孩子撒娇是为了达到特殊的目的,却依然对孩子采取纵容和姑息的态度,那么就会使孩子形成错误的认知,导致孩子认为撒娇是正确的方法,而且可以有效地实现目的。渐渐地,孩子就会把撒娇变成一种行为习惯,很难改变。

在这个过程中,父母需要注意的是,不要因为孩子撒娇,就过于严厉地批评孩子,毕竟孩子之所以对父母撒娇,是因为他们非常信任父母,也愿意与父母亲近。父母即使要拒绝孩子的请求,也只要做到和善坚定就好,而不要过于严厉,否则就会让孩子与父母疏远,甚至不信任父母,这么做对于亲子沟通是毫无好处的。

最后,要防患于未然。在家庭生活中,父母与孩子朝夕相处，是最了解孩子的人，当意识到孩子有可能为了满足一些愿望而故意向自己撒娇的时候，父母可以提前向孩子声明自己的原则和底线，并且以身作则，给孩子做好榜样和示范作用，这样就能够有效地防止孩子撒娇。

每个孩子在成长过程中都会有各种各样的欲望想要实现，也会有各种各样的需求想要得到满足。在这样的情况下，父母要适当满足孩子的需求和欲望，而不要对孩子有求必应，尤其是当孩子撒娇的时候，更是要慎重地满足孩子的需求，否则就会让孩子对撒娇产生误解，也会让孩子更加热衷于使用撒娇这个杀手锏来威胁父母，达到自己的目的，这对孩子的成长当然会起到反作用力。

孩子爱哭鼻子怎么办

欢欢十二岁了，正在读初一，是姐姐。洛洛六岁了，正在读小学一年级，是弟弟。虽然欢欢和洛洛之间相差六岁，但是却经常发生矛盾，这是为什么呢？尤其是洛洛，每当和姐姐之间发生矛盾冲突的时候，他就会歇斯底里地大哭大喊大闹，这让妈妈很抓狂。

平日里，欢欢跟着奶奶爷爷一起生活，洛洛在爸爸妈妈身边生活。每到周末，他们聚在一起，往往只在一起玩五分钟，就会吵闹起来。看到姐弟俩之间的相处问题频出,妈妈忍不住训斥爱哭的洛洛:"洛洛,你可是个男子汉啊,动不动就哭,丢人不丢人?哭鼻子可不是好孩子的表现,更不是男子汉的做为。你要是再这样的话,妈妈就要狠狠地批评你。"原本洛洛因为和姐姐之间发生冲突,已经非常伤心了,现在又被妈妈这样训斥,他就哭得更加伤心了。

看着洛洛哭得这么伤心,爷爷奶奶都很心疼,忍不住批评欢欢:"欢欢,你作为姐姐比弟弟大六岁呢,为什么不能让着弟弟,而总是要和弟弟争夺呢?弟弟还小,你应该把好吃的好玩的都给他呀,这样他才会喜欢你。"欢欢却对此不以为然,她说:"我凭什么要让着他呢?他可是个男孩,男孩应该成为绅士,要让着女士才对。"说着,欢欢就回到自己的房间里,重重地关上了门。看到姐姐这样的作为,洛洛原本以为爷爷奶奶能说服姐姐对自己好一些呢,这下更加伤心地哭了起来。

很多低龄的孩子都特别喜欢哭,作为父母或者是长辈,每当看到孩子哭的时候未免感到心烦意乱,他们希望孩子每天都能笑嘻嘻的,心情愉快,而不希望孩子哭哭啼啼的。但是爱哭是孩子的天性,父母如果禁止孩子哭泣,就会让孩子的情绪更加压抑。哭也是孩子表达负面情绪的一种重要方式。新生儿在呱呱坠地之后,没有掌握任何语言,而只能以哭作为唯一的表达方式。所以,不管有什么需求,他们都会通过哭泣的方式吸引父母的关注。在年幼的阶段里,他们也会延续小时候的表达方式，特别喜欢哭。作为父母，不要给孩子贴上哭鼻子的标签，更不要训斥孩子"哭鼻子不是好孩子"，而是要理解孩子哭泣的原因，这样才能有效地解决孩子喜欢哭闹的问题。

从心理学的角度来说，孩子之所以爱哭，是因为他们内心充满了负面情绪，也是因为他们的内心特别脆弱。虽然爱哭被视为消极的情绪因素，但实际上，哭更是孩子的一种表达方式。越是低龄的孩子越是喜欢哭泣，所以父母要理解孩子哭声所代表的真正含义，切勿不由分说地指责孩子爱哭。

每个孩子的泪点是不同的，有的孩子即使受到了很大的挫折，他们也能够坚强地承受，而不会经常哭泣。但是有的孩子却会因为一些不值一提的小事情就哭闹不休，这是因为他们更喜欢用哭的方式表达自己的想法。如果孩子有更好的方式可以表达自己的内心，或者是表明自己的需求，那么他们也许就不会再那么喜欢哭了。父母要想有效改善孩子爱哭的情况，首先应该教会孩子积极的表达方式，例如让孩子以倾诉的方式和父母诉说自己的需求和欲望，表达自己的不满。

其次，有些孩子之所以爱哭，是因为他们特别胆小。例如，孩子们在幼儿园里如果因为做错了事情而被老师训斥，就会害怕地大哭起来。遇到这种情况，父母要帮助孩子锻炼胆量，让孩子变得更加勇敢，能够以积极的方式解决问题，也能够表达自己的委屈。这样孩子就不会只顾着哭泣了。

和语言表达方式相比，哭和笑都是更为直接的情绪表达方式。有些孩子还没有掌握丰富的词汇，不能表达自己丰富细腻的情感和复杂多变的情绪，所以父母要引导孩子掌握更多的语言词汇，提升孩子的表达能力，这样孩子就会更顺畅地表情达意。

最后，还有些孩子会用哭泣的方式来吸引父母的关注。如果他们感觉自己被父母忽视，或者是觉得父母对自己不管不问，就会用哭闹的方式试图吸引父母的关注。对于孩子这样的需求，父母一定要及时满足，当孩子真正得到了父母的关注，也得到了父母的照顾，他们就不会再哭泣了。

孩子的脸，五月的天

周末，小姨带着君君来家里玩。帅帅最喜欢和君君一起玩了，君君是他可爱的小弟弟，比他小两岁。虽然有的时候帅帅觉得君君太小了，不能和他玩得很开心，但是这总比他一个人孤独地待在家里更好，所以帅帅常常央求小姨要经常带着君君来家里玩。

来到家里之后，小姨和妈妈在聊天，帅帅就带着君君去自己的房间里，把新玩具展示给君君看。君君看到帅帅有最新款的遥控小汽车，感到非常新鲜，也觉得很有趣，因而就和帅帅一起玩了起来。然而，因为谁掌握遥控器这个问题，他们发生了争执。帅帅认为遥控汽车是自己的，所以自己理应成为司机掌控遥控器，君君却觉得自己是弟弟，是小客人，所以帅帅应该让着自己，因而他也强硬地要求帅帅要把遥控器给他。为此，他们之间发生了冲突，一开始他们还能够讲道理，随着事态不受控制地发展，他们居然动起手来。帅帅虽然是哥哥，但是君君却练过跆拳道呢。很快，帅帅就被君君打得哇哇大哭，嚎啕不已。听到房间里传来哭声，妈妈和小姨赶紧冲过去，问清楚事情的原委之后，小姨严厉地批评了君君，并且责令君君向帅帅道歉。君君呢，却觉得自己很有道理，他对妈妈说："你不是告诉我作为小主人要招待好小客人吗？每次帅帅哥哥去我们家里玩，我不管有什么好吃的都会与他分享，但是现在他却不让我碰他的遥控汽车，他做的是错的。"

听着君君义正言辞的话，小姨有些尴尬。一时之间不知道应该说些什么。这个时候，帅帅妈妈说："君君，你说得很对，哥哥做的的确不好。你是一个非常热情的小主人，大姨会狠狠地批评帅帅，也会让帅帅向你学习的。"这个时候，小姨才回过神来，对君君说："不管是什么原因，你都不应该打人。这个遥控小汽车是帅帅哥哥的，帅帅哥哥愿意和你分享，你就可以玩；如果帅帅哥哥不愿意和你分享，你就不能玩。"在妈妈和小姨的协调下，帅帅和君君重归于好，又开始玩了起来。看到帅帅和君君在得到教训之后相互谦让的样子，妈妈和小姨这才放心地离开卧室，又一起去厨房里做饭了。

然而，才在厨房里过了五分钟，妈妈和小姨听到了君君的

第四章
学会自我安抚——帮孩子改掉坏脾气

哭声。这次又是为什么呢？原来，君君被帅帅给打了。看到这兄弟俩闹得鸡飞狗跳，小姨懊悔地说："早知道我就不带君君来玩了，省得他们俩闹来闹去。"妈妈安慰小姨说："孩子的脸，五月的天，他们就是这样喜欢打闹，别说是表兄弟姐妹，就算是亲兄弟姐妹在一起也会打闹的。没关系，他们一会儿就会和好的。"这一次，妈妈拉着小姨离开了，让帅帅和君君自己处理问题。果然，十分钟之后，当妈妈和小姨再来看帅帅和君君的时候，他们正开开心心地玩捉迷藏的游戏呢。看到帅帅和君君其乐融融的样子，妈妈和小姨相视而笑。

俗话说，孩子的脸，五月的天。这就告诉我们，孩子的脸就像天气一样是非常复杂多变的，也许前一刻天气还是万里晴空，后一刻就会阴云密布，暴雨倾盆；也许前一刻还是相谈甚欢，谈笑风生，后一刻就会矛盾丛生，甚至打闹起来。对于孩子之间的一些矛盾，对于孩子复杂多变的情绪，父母无需过于紧张，要认识到这是因为孩子正处于独特的成长阶段所具有的情绪特点，虽然父母要帮助孩子疏导负面情绪，安抚好孩子的情绪，但是不要因此而影响成人之间的关系，更不要因此而对孩子做出过激的反应。

每个人都是这个世界上独一无二的生命个体，这不仅是因为每个人都有自己的独特性，也因为每个人都有自己的性格特点、脾气秉性和情绪状态。尤其是在孩子之间更是会存在很大的差异。孩子处于特殊的成长阶段，他们的情绪原本就是不稳定的，很容易发生变化。细心的父母会发现，随着年纪增长，孩子的情绪会变得越来越稳定。为了陪伴孩子一起成长，父母要认识到孩子的情绪特点，从而给予孩子更好的引导和帮助。

当孩子独处的时候，他们的情绪还相对稳定，这是因为这种情况下没有外部的刺激，他们能够专注地做自己的事情。越在人际交往的过程中，孩子情绪多变的特点就表现得越明显。有的时候，哪怕是和父母相处，孩子也会表现得喜怒无常，让父母感觉到他们难以琢磨。很多孩子因为一点点小事情就随便发脾气，甚至因此而任性胡闹；有的孩子因为一些无关紧要的事情就与他人争吵起来，甚至与好朋友反目成仇。对于孩子在情绪冲动的状态下说出的话或者做出的事情，父母不要过于在意，而是要理解孩子的情绪特点，也多多地包容孩子。

那么，孩子为何如此情绪多变呢？除了因为处于特殊成长阶段使情绪呈现出一些特点之外，孩子还会应受到哪些因素的影响呢？前文我们说过，孩子的模仿力是很强的。在家庭生活中，父母是孩子的第一任老师，如果父母本身就容易情绪冲动，那么孩子也往往会情绪暴躁，这是因为父母对孩子起到了负面的教育作用。此外，父母在与孩子相处的过程中，在对孩子开展家庭教育的时候，要以积极正向的方式去进行。有一些父母每当看到孩子表现不好，或者是孩子表现得差强人意的时候，就会训斥孩子，使孩子缺乏安全感，这也会让孩子的情绪处于各种负面的状态之中。

第四章
学会自我安抚——帮孩子改掉坏脾气

孩子畏难怎么办

最近这段时间,班级里有很多孩子都在学习轮滑,特特也想学轮滑。然而,特特才六岁,他刚刚上小学一年级,平衡能力还不是很强。在学轮滑的过程中,他几次三番地摔跤,有一次把屁股摔了疼得他眼泪哗哗直流。这次之后,特特对爸爸妈妈说:"我不想学习轮滑了,学轮滑太难了。"听到特特这样的话,爸爸妈妈感到有些失落,爸爸当即鼓励特特:"特特,你可是个男子汉呀,男子汉是不怕苦不怕疼的。你看看,你们班里有一个小同学滑得特别好,不过据爸爸所知,这个小同学不是从学习轮滑开始就滑得特别好,他刚开始的时候滑得还没有你好呢。他更频繁地摔跤,常常把屁股都摔得青紫了。这都是他的妈妈亲口告诉我的,但是他从来没有放弃,在坚持练习了三个月之后,他现在滑得特别好。爸爸认为你是一个非常聪明、勇敢坚毅的孩子,如果你也能够坚持练习三个月,那么你的表现一定差不了。"

虽然爸爸长篇大论地激励特特,但是特特仿佛已经打定了主意,他默默地摇摇头说:"我可不想被摔得浑身青紫。我想,我可能不太适合滑轮滑吧。"看着家里新买的轮滑鞋,妈妈也不乐意了,她对特特说:"你当初提出要学习轮滑,爸爸妈妈花了很多钱给你买轮滑鞋,以及各种轮滑器具,现在你又说自己不想滑轮滑,那么这些东西不都浪费了吗?滑轮滑是一

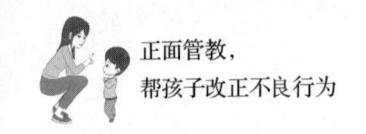

项很好的体育运动,不但能锻炼身体的平衡能力,还能增强体质。你难道以后想变成豆芽菜吗?"听着妈妈略带指责意味的话,特特默默地低下了头。这个时候,爸爸用眼神示意妈妈不要再批评特特了。等到特特的情绪渐渐平静下来之后,爸爸找到一个合适的机会对特特说:"特特,要不爸爸陪你一起学轮滑,好不好?其实年龄越小、身高越矮的孩子学轮滑越安全,这是因为即使摔倒了也不会摔得严重。如果爸爸学轮滑,难度就会更大,不过我不害怕,我想跟你一起学轮滑,这样我们将来就可以一起去玩了。"在爸爸的劝说之下,特特陷入了沉思。看到特特的心思有些动摇,爸爸赶紧趁热打铁地说:"好吧,就这么愉快地决定了。爸爸也会买一双轮滑鞋,看来我还得拜你为师呢!"

人的本能就是趋利避害,孩子出现畏难的情绪也是很正常的,尤其是在做那些难度比较大的事情,或者是容易对自身造成伤害的事情时,孩子想要逃避,这是可以理解的。作为父母,不要因为孩子畏难就否定或者指责孩子,这样会严重打击孩子的自信心。父母要坚信孩子是有潜力可挖掘的,也是能够做好很多事情的,更要认识到孩子感到恐惧或者是出现退缩行为,都是正常的心理表现,这样才能真正接纳孩子的一切表现,也发自内心地认可和赏识孩子。

当孩子出现畏难情绪的时候,父母既不要打击孩子,也不要顺从孩子,这是因为在未来成长过程中,孩子还会遇到很多

第四章
学会自我安抚——帮孩子改掉坏脾气

困难,如果总是这样轻易放弃,那么他们就什么都做不成。对于年幼的孩子来说,他们往往缺乏耐心,不能长时间地保持专注,而且会因为被新鲜事物吸引注意力,无法集中精力做好眼下的事情。还有些孩子在面对困难的时候会出现急躁的行为表现,他们急功近利,迫切地想获得成功,却因为各种因素的影响而与成功失之交臂,这都会让他们形成负面的自我评价。

当孩子对正在做的一些事情过了新鲜劲之后出现懈怠的情况时,父母一定要积极地鼓励孩子,也要引导孩子始终保持专注。在日常生活中,父母还要给孩子树立积极的榜样,不要因为遇到一点点困难就放弃,否则就会使孩子学习父母的样子,出现严重的畏难情绪。

在日常生活中,父母还要有意识地提升孩子的挫折承受力。很多孩子都缺乏挫折承受力,他们从小就是家里的独生子女,得到了父母和所有长辈的疼爱,也得到了父母和所有长辈大力的支持,不管做什么事情都特别顺利,这使得孩子们对自己形成了错误的自我认知,认为自己是无所不能的。实际上,随着不断成长,随着生活的范围越来越大,随着尝试的事情越来越多,孩子们难免会经历失败。每当这时,父母要告诉孩子,失败是人生中经常发生的事情,也要引导孩子以积极的心态面对失败。

有一些孩子常常畏难,是因为他们的性格比较急躁,不管做什么事情都希望第一时间就达到目的,这对于成功而言显然是很难实现的。父母要引导孩子淡定从容，也采取各种方式磨砺孩子的性格，让孩子具有坚强的意志力，才能够真正地做到坚持不懈。

那么，为了避免孩子畏难的情况出现，父母在为孩子制定目标的时候，就应该把握适度的原则。过高的目标会让孩子因为努力却不能获得成功而感到颓废沮丧，过低的目标使孩子轻而易举就能够实现，所以并不利于激发孩子的进取心，更不利于磨炼孩子的意志力。只有适度的目标才能让孩子经过努力之后收获预期的结果，从而激发孩子的成就感，让孩子更加充满动力，努力坚持，绝不放弃。

为了减轻孩子的畏难情绪，父母还要激发孩子对于很多事情的兴趣。正如人们常说的，兴趣是最好的老师。对于自己真正感兴趣的事情，即使遇到了困难，孩子也不会轻易放弃。反之，对于自己并不感兴趣，只是在父母的强迫下才做的事情，孩子即使遇到小小的困难，也会动摇，迫不及待地想要放弃。由此可见，只有激发和培养孩子对某些事情的兴趣，孩子在做这些事情的过程中才会更有耐心，也才会表现出更加顽强的意志力。

需要注意的是，当孩子全身心投入地做一件事情的时候，父母一定不要随意打断孩子。很多孩子都出现了专注力不足的情况，这并不是天生的，而是因为在成长的过程中，父母或者身边的人经常打断他们，没有培养他们做事情有始有终的好习惯。那么在意识到这个问题之后,作为父母,我们就要从现在开始积极地改变,这样才能渐渐提升孩子的专注力,让孩子迎难而上,勇敢无畏。

孩子不肯独立睡觉怎么办

自从上了小学一年级,妈妈就要求月月独立睡觉。她为月月准备了一个非常温馨舒适的房间,还为月月购买了粉红系列的床品,这些都是月月的最爱。妈妈原本以为月月已经六岁了,一定能够很顺利地完成分床,但实际情况却让妈妈感到很担忧,因为每天晚上月月都会缠着妈妈,让妈妈陪她睡觉,或者是赖到爸爸妈妈的床上,怎么也不愿意回自己的房间睡自己的床。看着孩子越来越大,却总是和爸爸妈妈挤在一张床上,有诸多不方便,妈妈也担心会给孩子造成不良的影响,只好向心理专家求助。

听说了妈妈的讲述之后,心理专家沉吟片刻,对妈妈说:"孩子之所以不愿意独立分床睡觉,是因为你们分床的时间太晚了。孩子分床的最好时机在四岁到五岁之间,现在孩子已经六岁了,所以你们需要非常耐心细致地引导她。"妈妈对心理专家说:"我经常吓唬她,如果她不愿意独立睡觉,大灰狼就会把她抓走。"心理专家当即把头摇得和拨浪鼓一样,对妈妈说：“你这样的说法对孩子可不好呀。如果你总是这样对孩子说话，孩子就会感到很不安，她就更不愿意独立睡觉了。世界上虽然有大灰狼，但不会跑到孩子的房间里。你要知道孩子不愿意独立睡觉的真正原因，才能有的放矢地解决问题。"

在心理学家的启发下，妈妈耐心地询问月月为何不愿意独立睡觉，这才知道原来悦悦看过一本书，书上有怪物，会在天黑的时候抓小朋友吃掉，听到月月这样的回答，妈妈不由得感到啼笑皆非："世界上可没有怪物呀！而且世界上虽然有大灰狼，但是大灰狼都被关在动物园里，也不会来到你的房间里，所以你就放心地去睡觉吧。"月月对妈妈的话半信半疑，还是不能第一时间就去自己的房间里睡觉。为了陪伴和安抚月月，妈妈为月月买了一个非常可爱的毛绒玩具，而且妈妈每天晚上都会给月月讲非常美好的童话故事。在妈妈的引导下，渐渐地，月月终于忘记了那个可怕的故事，变得越来越勇敢。

孩子在六岁左右并不能准确地区分幻想与现实。有的时候，他们通过听故事等了解的一些事情，也会被他们幻想成现实。还有的孩子白天玩得特别疲劳，神经处于兴奋状态，或者因为某些原因受到了惊吓，这都会让他们的精神保持紧张，身体也会处于不适的状态。细心的父母会发现，有些孩子们在晚上睡觉的时候会突然间惊醒，哭闹不休，这就是出现了夜惊的情况。为了让孩子拥有甜美舒适的睡眠，在夜幕降临的时候，父母要给孩子讲美好温馨的故事，而不要讲那些有鬼怪或者是凶狠动物的故事，以免孩子受到惊吓。

此外，我们也要采纳专家的意见，在和孩子分房而居的时候，选择合适的时间节点。最好的时间是在孩子四到五岁之间，分得太早，不利于孩子形成安全感，分得太晚，孩子又不愿意配合。只要在四五岁时对孩子加以引导，那么分床就会更加顺利。

为了让孩子拥有甜美的睡眠，父母要为孩子布置好房间，给孩子提供舒适的床品，在孩子睡觉的时候，不要因为担心孩子着凉就给孩子盖过于厚重的被子，这样会沉沉地压在孩子身上，让孩子感到非常不适。在孩子睡觉的时候，也不要让孩子穿过多的衣服，否则孩子睡眠的舒适感会大大降低。孩子需要一个温暖的环境，既不要过热，也不要过冷；孩子需要一床松软的被褥，既不要过于厚重，也不要过于轻薄。总而言之，为了让孩子独立睡觉，我们要尽量为孩子打造良好的睡眠环境。

有条件的家庭中，在晚上睡觉之前可以给孩子洗一个温热的澡，最好为孩子准备一个浴盆，让孩子在浴盆里好好地洗一洗，泡一泡，这有助于促进血液循环，让孩子的全身都感到舒适放松，也能够有效地缓解孩子夜间恐惧的情况。

很多孩子如果白天睡得过多，在晚上睡觉的时候就不会感到困倦，因而会不停地折腾，不愿意踏踏实实地睡觉。也有的孩子因为晚餐进食太多，导致睡觉的时候肠胃不舒适，也会出现惊恐的情况。父母在引导孩子独立入睡的时候，还要帮助孩

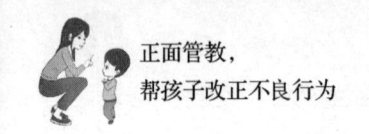

子制定良好的作息时间表,让孩子根据科学的作息时间入睡或者起床,当形成一定的规律之后,孩子不管是入睡还是起床都会更加自然,也会水到渠成。

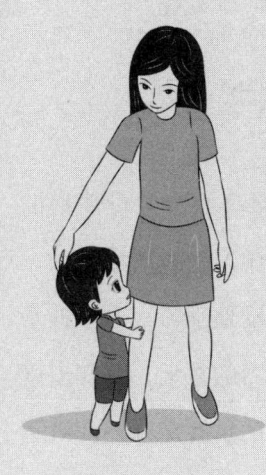

第五章
一分耕耘一分收获——纠正孩子学习中的不良行为

学习是孩子自己的事情，只靠着父母管教的孩子，很难在学习上有出类拔萃的表现，正如有人曾经说过的，当孩子能够主动地学习，知道学习是为了自己，那么孩子也就离成功不远了。作为父母，既要引导孩子积极主动地学习，也要注意纠正孩子在学习中的不良行为表现，这样才能够双管齐下，让孩子通过努力获得知识，在学习上获得成就，尝到学习的甜头，这样孩子才会更加坚持不懈地学习，在学习上取得长足的进步和发展

孩子不愿意学习怎么办

不管孩子处于学习的哪个阶段，如果只靠着父母严格的管教和随时随地的督促，孩子是不可能在学习上有所成就的。父母最大的心愿就是希望孩子能够自觉主动地学习，对于孩子而言，要想做到这一点，就必须认识到学习的意义，要知道读书是为了自己，而不是为了父母。从父母的角度来说，面对不愿意主动学习的孩子，只靠着严格的监督和激励，是很难让孩子在学习上长远坚持下去的。必须深入分析孩子为何不愿意学习，这样才能做到有的放矢，对症下药。从培养孩子学习力的角度来看，父母要想对孩子起到长期的督促和激励作用，一定要帮助孩子养成良好的学习习惯。

如今，很多父母在经历了一天繁忙的工作之后，回家的一项重要任务就是督促孩子学习。其实，父母督促孩子学习会感到非常疲惫，孩子也会因此而与父母发生各种冲突。曾经网络上流行各种段子，大概的意思是说，父母因为陪着孩子写作业被气得心脏病、高血压发作，因此而被送进了医院。这些段子并不是空穴来风，现实生活中，的确有很多父母在陪伴孩子学习的过程中，因为孩子的学习问题而大动肝火。那么，如何才能够让孩子主动学习，父母再也不用为孩子的学习操心呢？

第五章
一分耕耘一分收获——纠正孩子学习中的不良行为

不管是父母还是孩子,都要认识到一件事情,那就是学习是孩子自己的事情。如今,很多父母对孩子过度管教、督促,对孩子的学习盯得非常紧,这样不但会引起孩子的反感,还会使孩子觉得他们学习是为了父母,因而对学习的动力大大减弱。作为父母,在督促孩子学习的过程中一定要把握一个大前提,那就是父母并不是学习的主体,孩子才是学习的主体。要想让孩子在学习上真正做出成绩,父母就要摆正自己的位置,切勿代替孩子,更不要试图掌控孩子。

为了巩固孩子在学校中学习的效果,老师每天都会布置一定量的家庭作业,让孩子在回家之后通过完成作业的方式巩固所学的知识。孩子每天都要做家庭作业,也有助于他们合理地安排时间,保持良好的作息习惯。最重要的是,他们会在此过程中渐渐地形成自我管理和自我约束的能力,从而主动地承担起学习的责任。

从心理学的角度来说,孩子的自控力毕竟是有限的,大多数孩子在放学回到家里之后,经历了一天的学习,他们第一时间就想彻底放松,例如想看电视或者玩游戏,想吃东西或者是其他零食。总而言之,他们可不愿意一回到家里就开始写作业,在这样的拖延心态下,很多孩子直到深夜才能完成作业,既不能保证作业的质量,还会影响睡眠,导致次日起床困难。也有一些孩子专注力比较差,他们在写作业的过程中很容易受到外界的影响,还会出现边写边玩的情况,不能做到专心致志

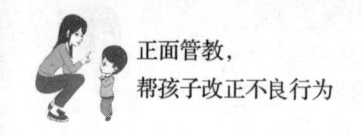

地学习，这都会使完成作业的质量严重下降。

除了上述这些原因之外，孩子不愿意写作业，不愿意主动学习，还有另外一个原因，那就是他们基础差底子薄，对于老师在课堂上讲述的那些知识，他们并没有完全理解，只是囫囵吞枣。等到晚上回家写作业的时候，因为要用到这些知识，他们就觉得更加困难。这些孩子不但会影响老师的讲课进度，而且不能独立保质保量地完成作业，这使他们在学习上欠的债越来越多，积重难返。

每个孩子在学习上的拖延、厌倦等表现都是不相同的。父母作为最了解孩子的人，不要带着先入为主的观念给孩子下定论，而是要能够从客观的角度分析孩子不愿意学习的原因，这样才能有的放矢地解决问题，才能有效地帮助孩子养成良好的学习习惯。

具体来说，对于那些不愿意学习的孩子，父母切勿打骂，否则就会让孩子把学习与糟糕的情绪体验联系在一起，也不要否定孩子，更不要给孩子贴标签，而是应该从各个方面鼓励孩子，这样才能引导孩子回到学习的正轨上。

第一点，父母要惜字如金。很多父母都望子成龙，望女成凤。这样的心情是可以理解的。但是即使反复唠叨，也未必能够让孩子在学习上有突飞猛进的发展。所以，父母要做到惜字如金。只要简明扼要地向孩子说明问题就可以，不要无休止地与孩子唠叨，这样就会引起心理学领域的超限效应，让孩子对父母的唠叨特别反感，甚至因此而疏远父母。有的时候，父母的唠叨还会打断孩子学习的思路，导致事与愿违。

第二点，营造良好的学习氛围。孩子每天放学回到家里之后，如果看到父母正在工作或者是家里非常安静，那么他们更愿意踏踏实实地先完成作业。如果看到妈妈正坐在电视机前看电视，他们往往也会凑到电视机前看电视，而不愿意当即回到书桌前写作业。作为父母，不管由谁负责照顾孩子，当孩子回到家里准备写作业的时候，都要保持家中的环境非常安静，也要营造良好的学习氛围。例如妈妈可以关掉电视，安安静静地看一会儿书，或者是学习一些业务知识，这样都能够对孩子起到言传身教的积极作用。

第三点，为了避免孩子拖延，要限定完成作业的时间。大多数父母都有一个误解，他们觉得完成一定量的作业，孩子所用的时间越多，就说明孩子做作业更认真，而且作业的质量更高。其实这是有一个限度的，如果正常情况下只需要花半个小时就能完成作业，那么孩子用40分钟的时间也许更能够保质保量，但是如果孩子用了三个小时才完成，那么只能说明孩子在完成作业的过程中边写边玩，并没有专心致志。所谓慢工出细活，在这里并不成立，很有可能孩子三个小时里完成的作业质量很差，错误频出，所以父母要把握好其中的度。

第四点，当孩子有不会做的题目时，父母不要为孩子代劳。每当孩子有难题，不能独立完成作业的时候，有些父母为

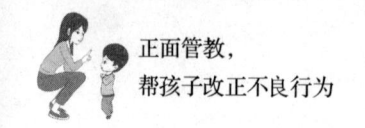

了第一时间解决问题，会直接告诉孩子答案。这不利于培养孩子独立思考的能力。孩子在学习的过程中一定会遇到困难，最重要的是开动脑筋，积极地进行思考。父母可以给予孩子一定的帮助，引导孩子，启迪孩子的思路，而不要完全替代孩子解决问题，否则就会使孩子形成依赖性，更不愿意通过独立思考来解决问题。

第五点，当孩子出现畏难情绪时，要帮助孩子调整情绪。孩子很容易出现畏难情绪，因为他们自身的能力有限，思维能力还不够强。所以，当在学习上遇到困难的事或者是障碍的时候，孩子就会因为畏难而选择放弃。在这种情况下，父母切勿批评或者否定孩子，更不要打击孩子，也不要给孩子贴上负面标签，可以允许孩子先暂停下来，让情绪恢复平静，再进行思考。在孩子思考的过程中，父母尽量不要打扰孩子，如果孩子确实需要帮助，那么父母要以引导和启迪孩子为主，切勿直接告诉孩子答案。

第六点，帮助孩子养成预习和复习的好习惯。学习是一个漫长的过程，而不是一朝一夕间就能仓促完成的。孩子从六岁进入小学一年级，要读完小学六年、初中三年、高中三年和至少本科四年。在如此漫长的时间里，学习力的培养要循序渐进地进行，还要依靠平日里点点滴滴的积累。父母不要奢望在辅导孩子学习的过程中能够做到一劳永逸，而是要认识到必须一点一滴地积累，必须坚持不懈地进取，孩子才能在学习上取得质的飞跃。预习和复习就是孩子在学习过程中必须每天都要坚持做好的事情，及时复习可以帮助孩子巩固当天所学的知识，牢固记忆，及时预习可以让孩子对次日所要学习的知识有一定的了解，从而在学习的过程中争取得到更好的效果，对于学习都是至关重要的。

孩子不愿意学习，父母切勿心急，而是要采取有效的措施激励孩子，引导孩子认识到学习的意义和重要性，这样孩子才能心甘情愿地在学习上有更好的表现。

孩子沉迷于课外读物怎么办

近些年来，国家大力提倡阅读，是因为阅读对于孩子学习力的培养，对于开阔孩子的眼界，帮助孩子形成大格局，都是至关重要的。父母应该支持孩子阅读课外读物，然而，课外读物是需要经过筛选的，并不是什么书都能起到有益的作用。在孩子积极投身于阅读活动的过程中，父母不要完全把选择读物的权利交给孩子，而是要在前期对孩子进行适度的引导。孩子只有坚持阅读那些健康有益的图书，才能激发自身的潜能，才能培养自己的特长，父母也只有积极地为孩子做好很多事情，孩子才能真正成才。

如今，很多父母都为孩子不喜欢读书而烦恼，这是因为现

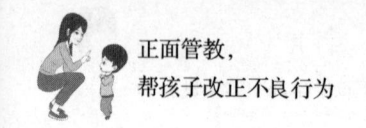

代社会中随着网络及各种电子产品的普及,孩子越来越多地沉迷于充满着声光色的电子产品之中。相比起散发着油墨清香的书籍,电子产品对孩子的吸引力显然更大。然而,读书是每个人都要坚持去做的事情。古人云,读万卷书,行万里路,告诉我们人必须通过读书来增长见识,开阔眼界,也必须通过见识更多的人和事情才能拥有更加丰富的人生体验。现代社会真正需要的是复合型人才,需要那些视野开阔、格局很大的真正的人才。那么,多读书则是我们作为新时代的人才应该终身都坚持做好的事情。

然而,凡事皆有度,过度犹不及。如果孩子沉迷于阅读课外读物,影响了学习,同样会让父母感到非常烦恼。读书固然重要,却要有选择。当孩子沉迷于各种各样的课外读物,影响了正常的学习,就会导致他们承受更大的学习压力。

现代社会中,课外读物鱼目混珠,很多不健康的读物会对孩子的身心健康造成巨大的危害。父母固然要支持孩子读书,培养孩子阅读的好习惯,却也要对孩子读书起到引导和监督的作用,从而保证孩子阅读真正有益的课外书,也在孩子坚持阅读的过程中激发孩子的潜能,培养和发展孩子的特长,从而促使孩子真正成才。

现代社会中,真正需要的是既博又专的人才,父母应该告诉孩子这个道理。所谓博,指的是知识面广,所谓专,指的是术业有专攻。这就要求孩子坚持广泛阅读,与专业的学习相结

第五章
一分耕耘一分收获——纠正孩子学习中的不良行为

合,才能让自己的成长符合社会的要求和需求。

那么,父母如何才能对孩子展开引导呢?父母要做到以下几点。

首先,父母要推荐优秀的读物给孩子阅读,并且引导孩子坚持阅读。即使孩子刚开始并不喜欢阅读这些优秀的读物,父母也不要放弃,既可以陪伴孩子一起阅读,也可以通过学以致用的方式激发起孩子对这些读物的兴趣。例如很多百科知识与生活的联系都是非常紧密的,在日常生活中,父母可以引导孩子观察植物、动物等,这样孩子在从百科知识中看到相关知识的时候就会充满兴趣。

其次,要为孩子制定规矩,严禁孩子阅读那些不健康的书籍。虽然人们常说开卷有益,但是对于那些内容不健康的书籍,孩子一定要敬而远之。如果孩子一不小心接触了这些书籍,那么,父母要以切断获取途径的方式避免孩子再次获得不健康的书籍。与此同时,还要以健康有益的书籍充实书库。

再次,父母要经常与孩子进行沟通,对孩子晓之以理,动之以情。很多父母习惯于对孩子发号施令,这往往会引起孩子的反感。在课外读物的选择上,很多孩子都认为这是自己可以自主决定的事情,所以父母就不要再对孩子过多管控。即使要引导孩子,也要以恰当的方式进行。在沟通的过程中,父母还可以针对某一本书的内容和孩子一起探讨,这样既可以知道孩子阅读这本书所获得的感悟,也可以把自己深刻的观念灌输给

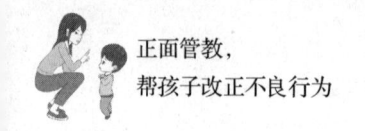

孩子，对培养孩子对阅读的兴趣是很重要的。

最后，古人曾经说过，书非借不能读也。古人之所以提出这个观点，就是因为对自己所拥有的书，人们往往不急于阅读，而对于借阅的书，因为要按时归还，所以会更加积极地阅读。如果家里有很多课外书，为了起到督促孩子阅读的作用，父母可以和孩子一起制定阅读计划表。通过表格来约束孩子在限定的时间里读完指定的书，这样孩子就能保证读书的质量和数量。当然，既然是计划表，要想起到预期的作用，就要采取一定的奖惩措施。如果提前阅读完一些书目，那么要给予奖励；如果无限拖延，导致很多必读的书目都没有读完，那么要采取惩罚措施。只有这样区别对待，才能真正调动起孩子对于阅读的热情。

如果孩子对阅读没有任何兴趣，那么他们的视野就会特别狭窄，他们也就不能从书中获取更多的知识和经验；如果孩子对阅读的兴趣空前高涨，而且在读书的时候对各种书籍不加以甄别和选择，那么就会使他们把有限的时间和精力都用在阅读毫无意义的书上，甚至这些书还不利于他们的身心健康成长，这显然是更加糟糕的结果；只有面面俱到地挑选健康有益的书籍，也能够按照计划按部就班地阅读这些书籍，孩子们才能在成长中有更好的表现，也才能真正地从读书中获益。

第五章
一分耕耘一分收获——纠正孩子学习中的不良行为

孩子缺乏专注力怎么办

很多父母都会发现一个奇怪的现象，那就是那些所谓的学霸在学习上并没有投入100%的时间，也没有学得特别辛苦。相反，他们在学习的时候虽然投入了很少的时间，却能够取得很好的效果。相比之下，自己家的孩子尽管在学习上非常勤奋刻苦，几乎把所有的时间都用来学习，却并没有取得良好的效果，甚至学习成绩还出现了退步，这又是为什么呢？

举个最简单的例子，每天晚上老师对全班同学布置的作业基本上都是一样的，有些同学只用一个半小时就能高效完成作业，而有的同学虽然用了三个小时，但是完成的质量却并不高，因此而被老师批评。为何会出现这么大的区别呢？这是因为孩子们在完成作业的时候，有些孩子非常专注，而有些孩子却总是三心二意。

不管是对于学习还是对于其他事情，是否专注对于效率的影响是很大的。专心致志地去做一件事情，只需要花很短的时间就能够高效完成；三心二意地去做一件事情，即使花很多的时间也未必能够取得良好的效果。父母要想培养孩子，让孩子在学习上事半功倍，就要培养孩子专注的好习惯。

对于孩子而言，他们很容易会出现注意力不集中的现象，这是因为他们注意力保持的时间有限，常常因为好奇而迫不及待地开始做一件事情，又因为对一件事情失去了强烈的好奇

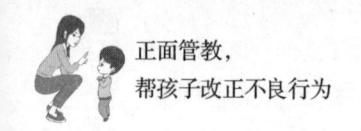

心，转而去做其他事情。很多父母都认识到了这个问题的严重性，他们固然知道培养孩子的专注力是很重要的，但是却不知道具体要从哪些方面下手，才能够帮助孩子提升专注力。所谓解铃还需系铃人，父母要分析孩子不够专注的深层次原因，才能有的放矢地解决问题。

通常情况下，孩子之所以缺乏注意力，不能保持专注，有几个方面的原因。第一个方面的原因是孩子对某些事情根本不感兴趣。正如一位名人所说的，兴趣是最好的老师。对于感兴趣的事情，孩子很容易投入其中；而对于不感兴趣的事情，即使被父母督促和鞭策，孩子也不愿意投入其中。第二个方面的原因是受到外界环境的干扰，例如孩子正在完成作业，家里却有很多个人正在吵闹，或者是父母正在大声喧哗，这都会使孩子无法集中注意力。第三个原因是孩子出现心理疲劳的状况。孩子的神经系统发育还不够完善，他们的耐受力相对比较差，如果长时间地坚持去做一件乏味枯燥的事情，或者长久地保持紧张的状态，孩子就会出现心理疲劳的情况。第四个原因是保持专注力的时间很短。随着孩子年龄的增长，他们保持专注力的时间会不断增长。反之，孩子年龄越小，他们保持专注力的时间也就越短。心理学家经过研究发现，两三岁的孩子只能保持五到十分钟的专注，而四到五岁的孩子能保持十到十五分钟的专注。对于这一点，相信低年级老师会深有感触和体会。尤其是一年级的老师，孩子才刚刚六岁，也许只能保持15分钟的

第五章
一分耕耘一分收获——纠正孩子学习中的不良行为

专注,那么整节课的时间有40分钟,所以老师在设计课程的时候,就要在前15分钟里讲述重点内容,而用剩下的时间来帮助孩子进行练习,促使孩子加强对知识的掌握。这样孩子才能合理安排好一节课的时间,做到有效学习。

既然知道了孩子经常分心这个坏习惯形成的原因,父母接下来就可以做到有的放矢地帮助孩子提升专注力,帮助孩子戒掉分心的坏习惯。在家庭教育中,具体来说,父母要做到以下几点。

首先,不管孩子正在学习,还是在专注地做一件事情,父母都要为孩子营造安静的环境,不要在孩子身边大声喧哗,不要当着孩子的面看电视,也不要影响孩子的注意力。当父母坚持这么去做,渐渐地,孩子的专注力就会越来越强。

其次,培养孩子对于很多事情的兴趣。对于感兴趣的事情,孩子不知不觉就会投入,能够拼尽全力做得更好,由此一来,孩子就进入良性的循环之中。他们获得了成绩,会更加热衷于做某些事情,而在热衷于做某些事情的过程中,他们又会获得更好的成绩,从而他们就会保持长久的兴趣。

再次,可以根据孩子的年龄特点、心理发展的具体情况,为孩子限定学习的时间。例如孩子才四岁,那么只要求孩子保持十分钟的专注力即可。当然,十分钟只是一个大概的数字,也可以根据孩子的实际情况进行调整。总而言之,不要让孩子在超过专注的时间之后感到疲惫和懈怠,这对于增强孩子的专

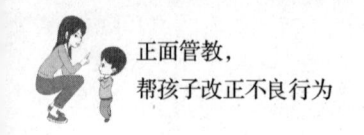

注力是很有好处的，也不要规定孩子长久地做一件事情，这样的结果一定是失败的。

最后，在学习方面想让孩子保持专注力，父母不要给予孩子过大的心理压力。如今，很多孩子都对学习感到压力很大，这是因为他们一方面从理性上认识到自己应该好好学习，另一方面，在能力上还没有达到出类拔萃的程度。所以他们就会在学习上会感到迷惘和困惑，也会因此而感到疲惫不堪，失去学习的兴致和动力。

有一些父母唯成绩论，要求孩子一定要取得良好的成绩，即使孩子能取得优异的成绩，也并非他们主观所能决定的，而是有很多条件综合作用，最终才能得到结果。父母要认识到，孩子的成长比成绩更重要，也要认识到孩子的身心健康比成绩更重要，这样才能端正心态，积极地应对孩子的学习。

父母要让孩子在良好的状态中保持较强的学习专注力，就要面面俱到，就要了解孩子的身心发展特点，从而才能为孩子营造适合学习的家庭氛围。总而言之，学习从来不是朝夕之间就能够取得成就的，更不是一蹴而就。父母既要认识到学习的特性，也要尊重孩子成长的节奏，这样才能渐渐地引导孩子更加专注，全力以赴地投入学习之中。

第五章
一分耕耘一分收获——纠正孩子学习中的不良行为

孩子动辄逃学怎么办

彭彭不知道从什么时候开始越来越厌倦学习，在小时候，他厌倦学习，只是表现为不愿意写作业，上课不认真听讲。但是自从升入四年级之后，他厌倦学习的方式越来越极端。他居然逃学。刚开始的时候，爸爸妈妈并不知道彭彭开始逃学，他们以为彭彭每天都按时上学。直到有一天，老师听到同学说彭彭生病请假了，因而特意给彭彭的爸爸妈妈打电话询问情况。这个时候，爸爸妈妈才知道彭彭隔三差五地找各种借口请假，原来是在逃学。

得知彭彭对学习已经厌倦到这种程度，爸爸妈妈非常生气，他们又气又急，恨不得当即就揪住彭彭，狠狠地揍彭彭一顿。但是随着傍晚到来，夜幕越来越深，爸爸妈妈又担心彭彭会出现危险。毕竟彭彭此时此刻并没有在学校里，万一他和社会上的不良青年结交了朋友，沾染了恶习，那么事情就会更糟糕了。所以爸爸妈妈只希望彭彭能够平平安安地回家，他们也愿意以积极的方式和彭彭沟通。

晚上八点钟前后，彭彭终于回到家里。爸爸妈妈假装若无其事地询问彭彭今天怎么回家这么晚，彭彭对爸爸妈妈说："今天老师留堂了。因为我数学考试的成绩不太好，所以老师把我留在学校里专门给我补课了。"听到彭彭说得有鼻子有眼，爸爸妈妈又没有想好应该如何跟彭彭沟通，所以他们决定

111

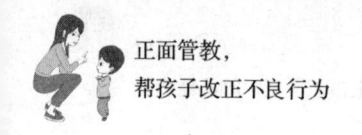

暂时相信彭彭的话，不戳穿彭彭的谎言。

后来，爸爸妈妈采取了措施，每天都把彭彭送到学校门口，亲眼看着彭彭进入学校，每天放学的时候都会在学校门口等着彭彭，亲眼看到彭彭从学校里走出来。爸爸妈妈还与老师进行了深入交流，告诉老师不要戳穿彭彭的谎言，看看能不能以这种方式帮助彭彭。

在学校和爸爸妈妈的共同努力之下，彭彭这段时间没有逃学。因为他进入学校之后不管以什么理由请假，老师都不予准假。老师还在班级里对全班同学说："以后，不管谁要请假，都必须让爸爸妈妈亲自给我打电话，否则不予准假。"眼看着逃学的通道被切断了，彭彭非常着急，但是他只能如坐针毡地留在教室里上课。

后来，老师也和爸爸妈妈进行了谈话。他对彭彭的爸爸妈妈说："彭彭之所以逃学，是因为在学习上欠了很多债，基础特别差。上课的时候，我发现他根本就听不明白我在讲什么。如果可以的话，希望你们能想办法给他补课，这样他至少能听懂我在课堂上所讲的内容，也才能坚持下来。否则，如果孩子如同听天书一样坐在教室里，他是很难坚持下去的。"

爸爸妈妈认为老师说得很有道理，虽然家里的经济并不宽裕，但他们还是当即在老师的建议下找了一个非常好的课外培训机构，聘请了经验丰富的老师一对一地为彭彭补课。在老师和爸爸妈妈的共同努力下，彭彭终于能够听懂老师讲课的内容

第五章
一分耕耘一分收获——纠正孩子学习中的不良行为

了,学习成绩也有了缓慢的提升。这使他受到了很大的鼓舞,又因为爸爸妈妈看他看得非常紧,不给他机会逃学,他只能留在学校里。渐渐地,他的学习成绩从不及格到及格,在班级里的排名从差等生到中等生,对于学习的信心越来越强了。

逃学不仅会影响孩子的学习表现,使孩子的学习成绩出现下滑,而且会使孩子在社会上游荡,结识社会上的闲杂人等,增强孩子犯罪或者是受到伤害的危险,也会严重影响社会治安。现代社会中,很多孩子都会因为厌学或者是受到诱惑而出现逃学的情况,不管是父母还是老师,对于孩子逃学都应该引起足够的重视,也要及时处理。

在刚刚发现孩子逃学的时候,一味地批评打骂孩子,并不能帮助孩子改变逃学的行为,明智的父母应该采取有效的措施,不要忘记自己最终的目的是什么。事例中,彭彭爸爸妈妈做得就非常好,在发现孩子不愿意透露逃学的信息之后,他们假装不知情,而是在暗中帮助彭彭留在学校。又在老师的建议下,为彭彭聘请了专门的家庭教师,帮助彭彭提升学习成绩,打好基础,培养彭彭学习的能力,从而使彭彭感受到学习的乐趣。

此外,父母还不应该给予孩子太大的压力。孩子正处于成长的过程中,他们的身心都还很稚嫩,并不能像成人那样承受过大的压力。如果父母对孩子的要求过高,对孩子怀有不切实际的希望,或者是把孩子的课余时间安排得满满当当,给孩子报名各种各样的课外班,那么就会让孩子感到身心疲惫,也会

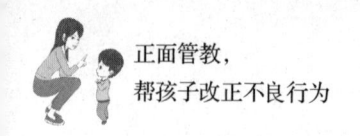

让孩子从对学习还有一点点兴趣到深深厌恶，逼得孩子不得不以逃学的方式保护自己。

日常生活中，父母还要注意不要让孩子受到读书无用论的影响。现代生活中，很多人都坚持读书无用论，他们认为即使读书很多年，未来也未必能够拥有一份特别好的工作，真正捧上金饭碗，还认为读书是在浪费时间，浪费金钱。孩子还小，缺乏判断能力，他们在听到读书无用论之后，很容易受到负面影响。在日常生活中，父母要避免让孩子接触读书无用论，也要经常从正面的方向强化孩子，激发孩子对学习的兴趣。

父母还要多多鼓励孩子参加集体活动，对班集体产生归属感。所谓归属感，指的是孩子在班级里中有自己的位置，也能够积极地投身于班集体的活动，这样孩子就会把自己视为班集体的一员，而不会始终孤立于班集体。当孩子在学校生活中产生负面情绪的时候，父母还要及时给予关注，也要引导孩子把所有的时间和精力都用于学习，这样孩子就没有心思去想那些不该想的事情了。

孩子都喜欢看课外书，为了给孩子树立积极的榜样，父母除了要以身示范之外，还可以引导孩子多读一些伟人的传记，让孩子知道那些伟人之所以能够成人成才，为整个人类做出贡献，是因为他们始终都能战胜坎坷与挫折，坚持实现自己的理想和梦想。这对于帮助孩子树立正确的世界观、人生观和价值观，培养孩子积极乐观向上的精神，都是非常有益的。

第五章
一分耕耘一分收获——纠正孩子学习中的不良行为

孩子在成长的过程中，出现各种各样的行为表现都是正常的。作为父母，固然会因为孩子逃学而感到新奇，却不要因此而陷入冲动的状态，更不要因为受到愤怒的驱使，就对孩子做出过激的举动。父母一定要积极地对待孩子逃学这件事情，也要保持冷静的思考，采取有效的措施引导孩子回归到学习的正轨上，这才是目的所在。

孩子在学习上无故拖延怎么办

自从升入小学四年级之后，小飞进入了成长叛逆期。妈妈发现小飞变得特别爱顶嘴。以前，小飞很听妈妈的话，对于妈妈安排的事情，他也总能做得很好。但是现在小飞总是故意和妈妈对着干，妈妈让他往东，他就往西；妈妈让他回家，他就出去遛弯；妈妈让他写作业，他偏偏要看电视。最后，妈妈因为失去了耐心，忍不住对小飞大吼大叫，小飞呢，也对妈妈有很多意见，母子俩常常闹得鸡飞狗跳，让家里一地鸡毛。

今年，国庆节有七天的假期。妈妈基本每天都在提醒小飞提前完成作业，但是小飞对此却不以为然，他对妈妈说："我为什么要完成作业呀？还有这么长的假期呢！"妈妈又不能捆绑小飞写作业，后来索性就不管小飞了。妈妈对小飞说："从现在开始，我不再提醒你了，你做不完作业，去学校就被老师批评，到时候可不要后悔。"

妈妈说完这番话果真做到了管好自己的嘴巴，不再对小飞唠唠叨叨。小飞也乐得没有人催促，每天都高高兴兴玩得疯狂。转眼之间，七天的假期只剩下最后一天了，小飞又睡到日上三竿才起床，这才慌了神。他慌慌忙忙地补作业，把字写得龙飞凤舞，即使到了晚上也没有写完作业。他原本想和妈妈申请晚一些睡觉，但是妈妈对小飞说必须按时睡觉，没有商量的余地。小飞忐忑不安地按时洗漱睡觉，次日他因为作业没有完成，被老师狠狠地批评了一顿。

很多孩子都有拖延的情况，这是因为他们没有时间观念，或者因为他们不愿意在第一时间就完成作业，这使得他们常常会把作业拖到最后才完成，甚至像事例中的小飞一样，即使在假期的最后也没有完成。

父母如果始终对孩子唠唠叨叨，非但不能起到很好的效果，反而会激发起孩子的叛逆心，让孩子故意与父母对着干。与其这样反复地对孩子进行说教，不如让孩子承担拖延的后果，知道拖延的严重性。就像事例中的小飞一样，也许爸爸妈妈催促他很多遍，也不如老师狠狠地批评他一遍，相信在这次经过老师的批评之后，他下次过假期的时候就不会把作业拖到这么晚才完成了。

对于孩子拖延的坏习惯，父母可以采取以下措施对待孩子。

首先，父母要帮助孩子形成时间意识。很多孩子都缺乏时

第五章
一分耕耘一分收获——纠正孩子学习中的不良行为

间意识，父母要引导孩子形成时间意识，让孩子知道时间如流水，一去不复返，如果总是拖延到最后，可能就没有时间完成作业或者是某些活动了。

其次，与其唠叨孩子，想帮助孩子避免拖延的后果，还不如放任孩子，让孩子真正体会拖延造成的后果，承担拖延引发的责任，这样孩子才能受到切身的教训，对此留下深刻的印象和认知，也才能真正管理好自己。

再次，要和孩子一起制订行为计划。孩子的时间观念是比较差的，父母可以与孩子一起制订计划，和孩子一起按部就班地完成很多事情，这样就能给孩子良好的示范，让孩子知道如何做才能有效提升时间的利用率。

最后，要为孩子限定时间，培养孩子的时间意识，让孩子养成珍惜时间的好习惯，也要为孩子限定时间。如果总是放任孩子自己去做一些事情，那么孩子往往会因为延误而导致糟糕的后果，在限定时间之后，还要提前约定对孩子采取一定的奖惩措施，让孩子知道拖延的后果以及按时完成得到的奖励，从而对孩子起到震慑和激励的作用。

在这个世界上，时间是唯一对每个人都非常公平的东西，一个人不管是年轻还是年老，不管是贫穷还是富裕，时间对他们都是完全公平的。每个人每天都拥有同样多的时间，对于时间利用率高的人，人生会更加充实，对于时间利用率低的人，人生就会空虚地度过。我们虽然无法改变人生的长度，但是却可以控制人生的宽度。当我们充实地度过人生，人生就会更加积极且有意义。

古人云，少壮不努力，老大徒伤悲，这充分告诉我们人生短暂，如同白驹过隙。要想拥有充实精彩的人生，我们就必须成为时间的主人，才能真正地主宰和驾驭时间。

孩子不能主动完成家庭作业怎么办

彤彤升入初中之后，爸爸妈妈原本以为初中的作业量会比较大，也做好了让彤彤每天晚上花费大量时间完成作业的思想准备，但是彤彤的表现却让他们很诧异。彤彤一回到家里就积极地完成作业，通常都能在吃晚饭之前就写完作业。看到彤彤初中的生活甚至比小学五六年级的生活更加轻松惬意，爸爸妈妈未免感到惊讶，也心生疑虑，但是每当他们问彤彤是否完成作业的时候，彤彤都会毫不迟疑地点头说："我已经写完了所有的作业。"得到彤彤这样肯定的回答，爸爸妈妈也就乐得打消心中的疑虑，还常常在他人面前夸赞彤彤上了初中之后长大了，能够积极主动地完成家庭作业呢！

有一天傍晚，爸爸正准备下班回家，手机突然响了起来。他看到手机屏幕上显示的是彤彤老师的名字，心不由得悬了起来。他忐忑不安地接起电话，电话里传来老师有些焦虑和烦躁

第五章
一分耕耘一分收获——纠正孩子学习中的不良行为

的声音。老师在电话里对彤彤爸爸说:"彤彤爸爸,我认为你们应该关注一下孩子的学习情况。自从开学到现在,这个孩子从来没有一天能够完成所有的家庭作业。我是他的班主任李老师,我每天都会接到各科老师对彤彤的反馈,不是没有完成数学作业,就是没有完成语文作业,或者没有完成英语作业。有的时候,她还不能完成地理或者是生物作业。虽然初中的作业的确比小学有所增加,但是大多数孩子都能积极主动地完成作业,只有极少数孩子在作业上会出现一些小小的问题,可是班级里只有彤彤一个人,每天都不能完成所有的作业。我觉得这个问题很严重,毕竟如果连作业都不能完成的话,学习成绩是很难得到提升的。"

听了老师的话,彤彤爸爸马上火冒三丈。他对老师说:"老师,你放心,回家我就好好修理她。这个家伙,我每天问她有没有完成作业,她都说完成了。谁知不但没有完成作业,还很会撒谎呢。"听到彤彤爸爸情绪激动,老师赶紧对彤彤爸爸说:"孩子长大了,已经上初一了,希望您在教育孩子的时候要讲究方式方法,不要因为这件事情而引起更严重的后果。我给您打电话的目的是希望您能够帮助孩子养成按时保质保量完成家庭作业的好习惯,而不是希望孩子受到惩罚。我建议您和孩子妈妈商量一下,看看如何更好地解决这个问题。"老师的话合情合理,让彤彤爸爸暂时恢复了平静。他又和彤彤妈妈通了电话,一致决定晚上回家好好合计,看看如何帮助彤彤完成家庭作业。

对于初中的孩子而言，完成家庭作业的重点在于要在做作业的过程中调动当天所学的知识以及曾经学过的知识来解决问题，而并不在于作业最终的结果。所以父母在得知孩子没有按时完成家庭作业的时候，不要气急败坏，老师之所以和父母通电话，也不是为了让父母惩罚孩子，而是希望能够家校共建，一起促进孩子的成长。

孩子不能完成家庭作业的原因是多种多样的，例如有的孩子比较磨蹭和拖延，到了很晚的时候也没有写完作业，就因为困倦选择了放弃。有些孩子的基础差底子薄，他们因为能力有限，所以不能独立完成作业，但是他们在家里又不知道应该问谁。问爸爸妈妈，既有可能被爸爸妈妈批评，也有的爸爸妈妈自身的学识不高，已经不能够辅导初中孩子的作业，这也是孩子无法完成作业的原因之一。还有的孩子养成了很强的依赖性，他们当天晚上没有完成作业，第二天到学校之后会向那些品学兼优的学生抄作业，长此以往，他们就更不愿意开动脑筋独立完成作业了。

作为父母，在得知孩子不能主动完成家庭作业这个情况之后，应该保持冷静和理性，应该思考孩子为何没有完成家庭作业，这样才能有的放矢地解决问题。如果孩子是因为作业量太大，写到很晚也没有完成家庭作业，那么父母也可以和老师进行沟通，适度地给孩子减量；如果孩子是因为基础太差，不能

第五章
一分耕耘一分收获——纠正孩子学习中的不良行为

独立完成家庭作业，那么父母可以帮助孩子寻求帮助；如果孩子是因为拖延而导致没有时间完成所有的家庭作业，那么，父母要把侧重点放在帮助孩子戒掉拖延症这方面。

总而言之，父母首先要知道老师布置家庭作业的初心，这样才能以正确的态度对待家庭作业。很多父母在辅导孩子写作业的过程中，还会越俎代庖，代替孩子完成作业，这对于孩子的学习和进步是极其不利的。

首先，父母要让孩子认识到独立完成家庭作业的重要性和重要意义。在完成作业的过程中，孩子可以调动所学的知识来解决问题，从而起到巩固知识的作用。为了完成那些不熟悉的题目，孩子还需要对知识进行举一反三的思考，这对于深化理解知识和加强运用知识的能力都是极其重要的。

其次，父母要让孩子知道完成作业是孩子自己的事情。现实生活中，很多父母都是陪读父母，或者陪写父母。他们每天都会陪着孩子一起学习，陪着孩子一起完成作业。日久天长，孩子的依赖性就会越来越强。如果父母不在家里，他们就不能够完成作业；只有父母在身边看着他们的时候，他们才能抓紧时间完成作业，这样一来，孩子就把自己与父母捆绑起来，甚至觉得自己是在为父母而写作业。父母一定要及时纠正孩子这样的错误观念，培养孩子主动完成家庭作业的好习惯。

再次，父母要让孩子迎难而上，告诉孩子在学习的过程中遇到难题是很正常的，如果从不遇到任何难题，那么也就谈不上进步。父母切勿因为孩子在做作业的过程中遇到困难，就严厉地批评孩子，质问孩子在课堂中是否认真地听讲，这会使孩子在遇到难题的时候刻意向父母隐瞒，父母也就无从了解孩子学习的真实情况。由此可见，父母必须首先保持内心的平静淡然，才能让孩子在做作业的过程中有更好的表现。

最后，父母要有耐心去帮助和引导孩子，让孩子养成主动及时完成家庭作业的好习惯。养成习惯的过程是很漫长的，好习惯从来不是一朝一夕之间就能形成的，但是习惯一旦养成，就能一劳永逸。所谓习惯，就是孩子会主动自发地做一些事情，并且并不觉得这些事情给他带来了很大的负担。在此过程中，孩子当然会有更快的成长和进步。

第六章
给孩子满满的安全感——纠正孩子的不良心理习惯

在成长的过程中,很多孩子都会出现不良的行为习惯,如有一些孩子喜欢妒忌他人,也会猜疑他人,这些心理上的行为习惯都会给孩子带来很大的不安和负面的感受。作为父母,要引导孩子纠正不良的心理习惯,并且给予孩子满满的安全感,这样孩子才能快乐幸福地成长。

孩子爱猜疑怎么办

从专业的心理角度来说,多疑是一种心理疾病,当孩子很爱猜疑的时候,他对周围的世界就会表现出不信任的心理状态。具体表现为对周围的人和事都非常敏感,在思考问题的时候,总是从消极的方面进行思考,这会使孩子的身心发展都受到很大的影响。在人际交往的过程中,孩子也会因为猜疑而与他人之间的关系变得紧张,那么,父母要想帮助孩子改变爱猜疑的习惯,就必须了解孩子喜爱猜疑的具体原因。所谓解铃还需系铃人,这样才能对症下药,有的放矢地解决问题。

通常情况下,孩子喜欢猜疑与个性有着密切的关系。抑郁气质的孩子往往都内向自卑,情感细腻,非常敏感,所以他们更喜欢猜疑。在与人相处的过程中,他们还会表现得特别孤僻,例如红楼梦中的林黛玉就是属于典型的抑郁型气质。她从小失去父母,寄人篱下,所以多愁善感,情感体验虽然异常深刻,但是却很少外露,因而她始终处于压抑的状态。在这样的情况下,她对于别人不易觉察的细节也观察得深刻细致,由此而使自己的内心产生了强烈的情感波动。从林黛玉的结局我们可以看出,孩子爱猜疑并不是一件好事情,这会使他们的人际关系紧张,也会使得他们在成长的过程中错失很多快乐。

第六章
给孩子满满的安全感——纠正孩子的不良心理习惯

除了因为自身性格的因素使孩子喜欢猜疑之外，父母也会对孩子造成很大的影响。在家庭生活中，父母与孩子朝夕相处，同在一个屋檐下生活，如果父母本身就是喜欢猜疑的人，那么就会在无形中影响孩子。如果父母之间经常爆发出各种冲突，因为一些小事情就焦虑万分，那么也会导致孩子的行为习惯发生一定的改变。

除了自身性格和父母影响这两个重要的因素之外，孩子在人际相处的过程中表现出猜疑的特点，也有可能是因为与他人之间产生了误会，导致隔阂。在现实生活中，孩子们总是喜欢在一起玩耍，也常常会发生各种矛盾和冲突。有的时候，孩子与父母之间相处也会有误会。在这种情况下，一定要消除误会，否则误会就会成为猜疑的温床，使猜疑的心理变本加厉。此外，还要培养孩子养成坦诚沟通的好习惯。很多孩子在心中有猜疑，或者是觉得自己受到了伤害，就会关闭心扉，独自酝酿和发酵一些事情，这会使得事情变得越来越严重。与其这样自我折磨，还不如把事情阐述出来，从而与他人进行沟通，获得谅解，这才是消除猜疑的根本方法。

最近，小美的爸爸妈妈离婚了。这天早晨，小美去学校里的时候，看到班级里有两个女生站在教室门口，正在说着悄悄话。小美心里不由得很担心，她暗暗想道：她们一定知道了我爸爸妈妈离婚的事情，所以才会在背后说我的坏话。这么想着，小美闷闷不乐地走到座位上坐了下去，整整一天，每当看到那两个女生的时候,小美都带着异样的眼神,心中对她们充满了怨恨。

次日,小美来到学校里的时候,老师突然推着一个大大的蛋糕走进了教室,全班同学都开始唱生日快乐歌。小美不知道这究竟是为什么,她一头雾水地看着大家,这个时候,那两个女生拿出了一份珍贵的礼物送给小美,对小美说:"小美,今天是你的生日,祝你生日快乐!这是我们代表全班同学为你选购的礼物,希望你能喜欢。"原来,大家听说小美的爸爸妈妈离婚了,想让小美开心起来,所以就为小美精心准备了这次生日派对。

小美感动得热泪盈眶,她当即对那两位女生说:"昨天,我看到你们对我指指点点,我还以为你们在说我的坏话呢!对不起,我可真是小人之心了。"经历了这次事情之后,小美与同学之间的关系越来越亲近,她不管有什么事情都愿意坦率地和同学说出来,再也不会对同学胡乱猜疑了。

通常情况下,人们之所以猜疑,是因为思考问题时形成了思维定式,也常常会陷入主观的思维怪圈之中,产生主观的偏见。例如我们主观上认为一个人是坏人,那么我们就会因此断定他的行动非常可疑,在分析他的各种表现时,也会朝着他是坏人这个方面考虑,结果导致我们更加猜疑他人。由此可见,要想戒掉猜疑,首先要做到的是摒弃偏见,不要带着主观的意识去评判他人,而是要尽量从客观公正的角度去观察他人的言

第六章
给孩子满满的安全感——纠正孩子的不良心理习惯

行举止,也给予他人中肯的评价。

猜疑的第二个原因是缺乏自信。很多喜欢猜疑的人都非常自卑,他们觉得自己很多方面都不如他人,也担心自己的表现不能让他人满意,因而就会忐忑不安。最典型的表现是,当看到有人在窃窃私语的时候看了自己一眼,他们就会认为他人是在说自己的坏话,如果听到有人和自己开善意的玩笑,他也会内心忐忑不安,认为对方是故意别有所指,或者是指桑骂槐。这样的自卑表现都会让人际关系变得紧张。

猜疑对于人的身心健康而言是一个隐性杀手,会给人带来很严重的伤害,所以父母一定要纠正孩子爱猜疑的坏习惯,这样才能帮助孩子戒掉敏感多疑的心理特点和行为习惯,让孩子以更加从容坦荡的状态与人相处。

对于一些抑郁型气质的孩子,父母要多多对孩子加以引导,在培养孩子成长的过程中,应该更加用心细致地照顾孩子,关心和爱护孩子的身心健康,也要用尊重与爱化解孩子心中的疑虑,为孩子营造充满爱与自由的家庭环境,让孩子从自卑到自信,让孩子从自闭到坦率,最终变得越来越活泼。

在日常生活中,父母还要鼓励孩子多多与同龄人相处,如果孩子因为误会和隔阂而猜疑小伙伴们,那么父母要鼓励孩子与他人进行坦率的沟通,帮助孩子消除心中的误会和隔阂,这样孩子才能在同龄人的陪伴下快乐地成长。

从严格意义上来说,猜疑是一种心理疾病。如果孩子的猜疑已经超过了正常限度，严重影响到生活，那么父母一定要及时带着孩子向心理医生寻求帮助。现代生活中，很多人都会关注身体上的疾病，一旦身体感到不适，就会及时求医问诊，但是却往往忽略了心理上的疾病。其实，心理上的疾病比身体上的疾病更加严重，如果孩子长期处于猜疑的状态，还会因此而患上抑郁症，严重的抑郁症会让孩子面临生命危险。

近年来网络上有好几起年轻人因为抑郁症而自杀的事件都给我们敲响了警钟，父母在发现孩子心理状态出现异常的时候，切勿讳疾忌医，而是要积极地带着孩子寻求专业医生的帮助，这才是对孩子负责任的表现。

孩子为何喜欢打小报告

每天，佩佩都会到办公室里找老师告状。有的时候，他找老师告状，是因为有同学不小心碰了他一下；有的时候是因为他与同学之间发生了矛盾；有的时候是因为某个同学说了脏话；有的时候是因为某个同学没有完成作业。佩佩并不是班长，但是他却是全班管得最宽的人，他有任何问题都会第一时间去找老师告状，这让老师也感到非常苦恼。

有一天晚上学校里召开家长会，在开家长会之后，老师和佩佩的妈妈单独进行了沟通，委婉地说了佩佩在学校里的表

第六章
给孩子满满的安全感——纠正孩子的不良心理习惯

现。妈妈无奈地说:"这个孩子从小就爱管闲事,还特别爱告状,我也很苦恼。我会慢慢地想办法引导他,希望老师你也能够给他以引导,帮助他改掉这个坏习惯。"

通常情况下,孩子之所以爱告状,并不是因为他们对被告状的同学怀有恶意,而是因为他们充满了好奇。他们只是想看看在出现一些特别的情况时,作为成人的父母或者是老师如何处理问题。当然,也不排除有一些孩子告状是带有恶意的,他们想看看表现不好的人会受到怎样的惩罚。作为父母或者是老师,当发现孩子爱打小报告的时候,最重要的不是急于对此做出反应,而是要注意区分孩子告状的目的,从而做到区别对待。

具体来说,孩子之所以告状,有以下几种原因。

第一种原因,孩子发现其他孩子表现不好,所以把这件事情反馈给大人,希望大人能够对此做出判断,批评或者惩罚对方。当出现这种情况的时候,父母不要当即就当着告状的孩子对被告状的孩子做出惩罚,或者严厉地批评被告状的孩子,否则就相当于变相地鼓励孩子告状。为了帮助孩子渐渐地改掉爱告状的行为习惯,大人一定要控制好自己批评被告状孩子的冲动,等到告状的孩子离开之后,再详细询问事情的经过,从而做出明智的处理。

第二种原因也是非常常见的原因,尤其见于年纪小的孩子。这些孩子之所以告状是因为他们感觉到自己的安全受到了威胁,因而想寻求帮助,或者想得到保护。例如在小学低年级或者是在幼儿园里，孩子之间发生了冲突，甚至打骂起来，那么处于弱势地位的孩子往往会去找老师告状，这是因为他们希望老师能够保护自己不受伤害。作为老师，要先了解事情的经过，给予孩子一定的保护。对于那些主动攻击或者打骂他人的孩子，要进行严厉的批评教育，从而避免打人骂人的情况再次发生。

第三种原因，类似于人们常说的恶人先告状。告状的孩子并不是无辜的弱者，相反，他们可能是因为做错了事情，想要逃避责任，所以才会采取主动告状的姿态，向成人告状。遇到这种情况，父母要严肃处理孩子告状的行为，一旦认定孩子是为了逃避责任而主动告状，就要让孩子认识到每个人都要为自己的行为负责，把责任推卸给他人是错误的，甚至可以因此而批评孩子，从而杜绝孩子再次做出同样的举动。

第四种原因是为了追求公平才告状。古人云，不患寡而患不均。对于孩子而言，他们更希望得到公平公正的对待。在家庭生活中，如果父母只针对孩子制定规矩，而自己却不遵守规矩，就会使孩子愤愤不平。或者家里不只有一个孩子，那么当孩子认为自己没有得到公平的对待时，他们也会告状。例如，妹妹看到哥哥吃了两块冰激凌，她就会向妈妈告状："妈妈，哥哥吃了两块冰激凌。你明明规定每人每天只能吃一块冰激凌的呀。"其实，妹妹之所以这样告状，是因为她也想像哥哥一样吃两块冰激凌。这个时候，妈妈应该告诉妹妹："哥哥吃两块冰激凌是不对的，对身体健康不好"，还要批评哥哥，从而

第六章
给孩子满满的安全感——纠正孩子的不良心理习惯

继续维持家庭规矩，否则未来的每一天，妹妹和哥哥都会想吃两块冰激凌。

第五种原因是为了讨好他人，表现自我。每个孩子都希望自己能够得到成人的认可和肯定，他们尤其希望得到表扬。他们想通过告状的举动表现出自己的完美，也想以此证明他人的表现是不够完美的。在这样的对比之下，他们才能得到成人肯定的评价。

第六种原因是因为妒忌他人。孩子的妒忌心理是很强的，与同龄人相处的时候，如果同龄人各方面的表现都非常好，而且也得到了成人的奖励或者是表扬，孩子就会因为自己没有得到表扬而闷闷不乐，所以他们会用挑剔的眼光去评价和判断他人，以此来贬低他人，抬高自己，希望自己也能够赢得成人的认可和表扬。

总体而言，孩子爱告状通常都出于这样的几种心理，作为父母，在发现孩子爱告状的时候，要分析孩子告状的心理原因，从而才能够有针对性地给出孩子积极的反馈。从心理学的角度进行深入分析，孩子不管因为什么原因而喜欢告状，都说明他们的依赖心理是很强的。对于父母而言，是否制止孩子告状的行为，其实是不能一刀切的。父母要区分孩子告状的动机，这样才能根据孩子不同的告状动机给出正确的反应。通常情况下，年纪小的孩子会更热衷于告状，等到渐渐长大之后，他们的视野越来越开阔，他们的生活越来越精彩，也就不会再那么热衷于告状了。

孩子骄傲自满怎么破解

俗话说，骄傲使人落后，谦虚使人进步。这个道理人人都懂，但是很多孩子尽管把这句话作为口号挂在嘴边天天喊，实际上在生活和学习中，他们还是会经常犯骄傲自满的错误。那么对于骄傲自满的孩子，父母应该如何引导他们，才能让他们谦虚好学呢？

通常情况下，孩子之所以骄傲自满，是因为他们对自我没有正确和全面的认知。日常的生活中，独生子女往往会更加骄傲自满，这是因为他们从小就作为家庭里的一根独苗，得到了父母和长辈所有的关爱，也不管有什么要求，都会在第一时间就得到满足。他们的家庭条件很好，经济状况优渥，因而他们自以为具有先天的优势，在看待他人的时候总是以俯视的目光，在看待自己的时候就认为自己高高在上，给人以不可一世之感。

孩子之所以骄傲自满，和家庭客观的条件并没有密切的关系。有一些家庭本身的条件不是很好，但是父母却过于宠爱孩子，也常常会给予孩子过高的评价，使孩子在赞美的环境中成长，孩子就会对自己缺乏客观的认知。孩子还小，他们没有自我评价的能力，很容易就会把父母的评价作为自我评价。与那些过于骄纵孩子的父母恰恰相反，有些父母总是否定和打击孩子，或者当着孩子的面说起家里经济困窘，则会导致孩子变得越来越自卑。所以父母不应该走到两个极端，在教养孩子的过程中，

第六章
给孩子满满的安全感——纠正孩子的不良心理习惯

要怀着更平淡的心态,这样才能给予孩子正确的评价和引导。

孩子一旦骄傲自满,就会影响人际关系。很多孩子因为骄傲自满而不愿意和同龄人在一起玩耍,即使和同龄人相处,也往往会盛气凌人地对待同龄的小伙伴。他们还会因为骄傲自满而目无尊长,既不尊重自己的父母,也不尊重爷爷奶奶等长辈,更不尊重老师,使得家庭教育和学校教育都无法顺利开展下去。还有的孩子因为骄傲自满而表现得沉默寡言,这不是因为他们不喜欢说话,而是因为他们对他人不屑一顾。即使偶尔张口与他人交流,他们也总是极尽挖苦讽刺之能事,这使他们的人际关系剑拔弩张。

除了家庭条件优渥,得到父母的宠爱之外,孩子如果在某些方面有特别的能力,取得了一些成就,也很容易变得骄傲自满。这样的孩子看起来表现很突出,实际上,他们承受挫折和打击的能力是特别弱的。尤其是那些从小就一帆风顺成长的孩子,因为很少遭遇失败,所以意志力薄弱,一旦遭遇失败就一蹶不振,这会给他们带来很糟糕的成长体验。既然骄傲自满对孩子的成长如此不利,那么父母就应该想办法引导孩子保持谦虚低调,让孩子始终积极主动地学习,看到他人身上的优势和长处,这样孩子才能积极进取。

骄傲自满的副作用是很多的,比如孩子因为骄傲自满,所以狂妄自大,他们不愿意虚心求教于他人,虚荣心也很强。此外,他们因为骄傲自满,始终在顺水如意的环境中成长,还会

133

出现意志力薄弱，不能承受挫折和打击的情况。

总而言之，骄傲自满对于孩子的成长是极其不利的。父母要教会孩子谦虚好学，这样孩子才能在成长的过程中有更好的表现。古话说，小时了了，大未必佳，意思就是说孩子小时候天资聪明，如果总是得到父母的夸赞和他人的欣赏，就会过度自负，导致退步。作为父母，应该正确的引导孩子，帮助孩子戒骄戒躁，让孩子始终谦虚低调，这样孩子才能建立良好的人际关系。

为了让孩子积极进取，父母应该做到以下几点。

首先，即使孩子在某些方面表现得特别好，父母也不要过于夸大事实，更不要不切实际地夸赞孩子。父母对孩子的评价应该以客观存在的实际情况为基础，真正认可孩子在某些方面的特长和突出的表现，而不要因此就对孩子过于浮夸地评价。

其次，在适当的时候可以给孩子一定的批评，但要掌握批评的艺术和方法，这样才能让批评起到更好的效果。父母对孩子的批评既不要声色俱厉，打击孩子的信心，也不要浮于表面。在批评孩子的时候最好能够客观公正，坚持为孩子指出缺点和不足，从而引导孩子更加全面地认识自己。

再次，让孩子认识到天外有天，人外有人。很多孩子生活的范围非常小，并不认识更多比自己优秀的人，又因为总是得到父母的夸赞，所以他们就认为自己是非常强大和优秀的。父母可以创造很多机会，例如鼓励孩子参加竞赛，或者带着孩子四处旅游开阔眼界，这样孩子就会知道强中还有强中手的道

第六章
给孩子满满的安全感——纠正孩子的不良心理习惯

理,从而跳出了坐井观天的局限。

最后,加强对孩子进行挫折教育,不要为孩子营造一帆风顺的成长路径,否则就会让孩子形成一种错觉,即觉得自己能力很强,一切事情都难不倒自己。实际上,人生不如意十之八九,即使孩子在小时候得到父母的庇护,生活的顺心如意,在长大之后,他们也难免会经历挫折的打击。与其让孩子在长大之后面对失败的时候无以应对,不如从小就培养孩子积极的个性,让孩子能够发自内心地勇敢和坚强起来,越挫越勇,这样孩子将来在面对人生困厄的时候才能从容以对。

孩子为何喜欢撒谎

晨晨六岁了,正在读小学一年级,原本他从来不会撒谎,但是在进入一年级之后,妈妈发现晨晨养成了撒谎的坏习惯。有几次,晨晨和同学之间发生了矛盾,甚至还对同学动手,爸爸妈妈在得到老师的反馈后,询问晨晨真实的情况,但是晨晨对此却拒绝承认。他说出来的事实和老师说出来的情况是完全不同的,妈妈心生疑惑。一开始,妈妈非常信任晨晨,但是老师说的次数多了,妈妈也想到晨晨有可能故意隐瞒事实,所以妈妈借着接晨晨的机会询问其他孩子具体的情况。经过几次验证之后,妈妈认为晨晨的确是在故意隐瞒事实,虽然她不想给晨晨定性为撒谎，但是事实就摆在面前，妈妈必须面对真实的情况。

妈妈感到非常纳闷，晨晨从小就很诚实，为何反而在进入学校之后养成了撒谎的坏习惯呢？有一次，晨晨和同学之间发生了严重的矛盾冲突，老师请妈妈去学校里解决问题。这个时候，妈妈把晨晨的变化告诉了老师。她向老师承诺一定会严肃批评晨晨。

老师对妈妈说："其实，这么大的孩子出现撒谎的行为，也有可能是因为他进入一年级之后面对更多同学，发生了更多矛盾和冲突，他知道自己做得不对，所以想要保护自己避免受到您的责罚。"妈妈认为老师说的很有道理，连连点头，她又请教老师："那么，在这种情况下，我们应该怎么做呢？"老师回答妈妈："其实，这么大的孩子在一起打打闹闹是很正常的，只要加以正确的引导，孩子一定能学会如何与同学们相处。我认为对于晨晨来说，当务之急您要引导他说真话，说真实的情况，这样对于解决问题是更有利的。"

在很多父母的心中，孩子曾经是诚实乖巧的，现在却突然学会了撒谎。例如，他们打碎了家里的一个碗，却说是小狗在捣乱，所以把碗弄碎了；他们撒谎说自己肚子疼，感觉不舒服，因而不想去幼儿园；他们撒谎说自己很热，其实只是想吃冰激凌。当孩子出现这些撒谎的表现，父母只要认真用心地观察，就会发现大多数孩子之所以撒谎，是因为他们想要达到一定的目的。其实，对于年龄比较小的孩子而言，他们撒谎往往不会带有恶意，而只是出于自我保护的目的。他们担心被父母

第六章
给孩子满满的安全感——纠正孩子的不良心理习惯

惩罚，又想得到满足，所以就以撒谎的方式达成目的。

除了为了满足自己的需求与目的之外，对于六岁的孩子来说，他们还常常会把现实和想象混为一谈，有的时候他们迫切地想要做一件事情，就会误以为这件事情真的发生了，其实这并不意味着他们刻意撒谎，而是因为他们误以为想象中的事情就是真实发生的。也有一些三四岁的孩子因为没有明确的物权观念，所以对于自己喜欢的玩具就会据为己有，带回家里，并且告诉妈妈这是同学送给他的。真实的情况是，这只是他拿了其他同学的玩具。这也并不说明孩子带有恶意，而只是因为他们特别喜欢这个玩具。

低龄的孩子撒谎往往是为了保护自己，或者是因为混淆了现实与想象。稍微大一些的孩子撒谎的原因更加复杂，例如大一些的孩子为了取悦父母，会撒谎说自己考试取得了很好的成绩，最终从父母那里得到奖励。也有的孩子看到同学拥有很高档的玩具，便说自己家里也有这个玩具。实际上，他们只是不想在与同学的较量中败下阵来。这是虚荣心在作祟。

对于很多父母而言，他们经常会听到孩子撒谎说已经完成了作业，实际上这个时候，孩子有可能正在兴致勃勃地玩游戏，因为不想被父母打扰，所以他们以撒谎的方式让父母不再反复地询问他们。总而言之，孩子撒谎的原因是多种多样的，不同年龄段的孩子之所以撒谎，肯定出于不同的动机，因而父母要分析孩子撒谎的行为背后隐藏的深层次心理原因，这样才能明确孩子撒谎

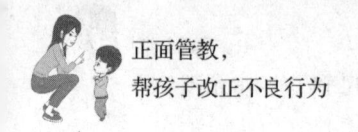

的动机，找到孩子撒谎的真实原因，从而有效地帮助孩子。

　　不管孩子因为何种原因而撒谎，父母都要把握一个原则，那就是不能因为孩子某一次撒谎就给孩子贴上撒谎这个负面标签，就因此而认定孩子品质恶劣，或者是品质有问题。这样对待孩子是极其不公平的，也是对孩子不负责任的表现。

　　处于不同的成长阶段，孩子的身心发展特点都是不同的，性格特点也是不同的。父母要加深对孩子的了解，知道孩子撒谎行为背后隐藏的心理需求与心理动机。对于年幼的孩子来说，他们的认知能力还没有发展成熟，很容易就会把假想与现实生活搞混，也会为了保护自己，逃避惩罚，而在本能的驱使下说出一些不符合实际的话，所以父母不要急于批评孩子，而是要对孩子加以引导。

　　当发现孩子出现撒谎的行为时，父母要及时点破孩子，因为如果父母不点破孩子撒谎的行为，孩子就会认为他们很容易就能得逞，也很容就能达到目的，因而会更加热衷于撒谎。父母只有及时点破孩子撒谎的行为，识破孩子撒谎的用意，并且以和善坚定的态度告诉孩子撒谎是一个更为严重的错误，这样孩子才能在想撒谎的时候，在内心深处进行权衡。

　　为了避免孩子撒谎，父母在教育孩子的时候要坚持一定的原则。很多父母教育孩子都没有明确的教育观念，也没有坚持正确的教育方法。他们总是会对孩子朝令夕改，也有可能针对孩子制定一些规矩，而自己却不愿意遵守和执行这些规矩。这都会使孩子对父母形成误解，认为父母是不信守承诺的，还常常撒谎。孩子很难理解父母会因为一些特殊的原因导致不能兑现诺言。作为父母，为了避免给孩子造成负面影响，就要尽量对孩子信守承诺。即使有一些原因导致父母不能对孩子兑现承诺，父母也一定要及时向孩子解释，并且向孩子道歉，还要向孩子允诺会在未来的某个时间内真正地兑现承诺，这样才能减少对孩子的负面影响。

这一切情况背后都是有心理问题和心理需求的。作为父母，当看到孩子出现异常的行为举动时，先不要着急，也不要急于批评和否定孩子。只有找到孩子行为背后的心理需求和心理动机，才能帮助孩子解决心理问题，也帮助孩子改善行为表现。

孩子为何热衷于搞恶作剧

大多数孩子都很顽皮，有一些孩子思想很灵活，所以他们在和同龄人玩耍的时候，常常喜欢搞恶作剧。对于孩子喜欢搞恶作剧这个坏习惯，父母不要动辄就批评孩子，也不要严厉地禁止孩子。其实，父母要想引导孩子适度地搞恶作剧，或者纠正孩子的行为，关键在于弄清楚孩子真实的意愿，也发掘出真实的原因，这样才能对孩子起到引导和教育的作用，也才能解决问题。

孩子在5岁之后变得更加淘气。在这个阶段里，他们特别喜

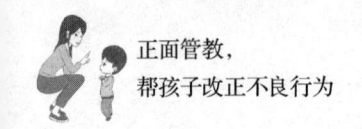

欢闹腾，随着不断成长，他们学会了更多的知识，玩心也会更加重。到12岁进入青春期之前，孩子们都是非常淘气的，正因为如此，人们才常说半大小子气死老子。尤其是男孩更是热衷于搞恶作剧，他们会脑洞大开，想出各种各样的奇思妙想，并且会当即把这些奇思妙想变成现实。他们会捉弄一些小动物，也会捉弄身边的同学和朋友，甚至还会捉弄父母，这往往让父母感到特别抓狂。

通常情况下，孩子之所以喜欢搞恶作剧，是因为他们天性好奇。父母越是禁止孩子去做什么事情，孩子越是好奇，越是会产生强烈欲望想要去做某件事情。有的时候，面对父母的严厉禁止，他们还想知道当他们做出与父母的要求相违背的事情时，父母又会如何对待他们。也有一些孩子自尊心比较强，在搞恶作剧被父母严厉批评之后，他们因为自尊心受到伤害，还会产生很强的逆反心理，故意与父母对着干，这就使得他们变本加厉地搞恶作剧。

除了性格方面和心理方面的这些原因之外，很多孩子为了吸引成人的注意，也会故意搞恶作剧。这是因为有的时候父母忙于工作，偶尔会在不知不觉间忽略了孩子，孩子失去了存在感，希望让父母关注到他们，也希望让父母注重他们的感受，所以就以搞恶作剧的方式吸引父母的关注。

有的时候，孩子还会用搞恶作剧的方式发泄自己的不满情绪。在成长的过程中，因为得到了父母无限度的宠溺，他们

第六章
给孩子满满的安全感——纠正孩子的不良心理习惯

还会出现行为无度的情况。虽然孩子搞恶作剧是非常让人烦恼的,也会使父母陷入尴尬的境地,但是孩子喜欢搞恶作剧并不一定都会产生负面作用。很多时候,孩子奇思妙想地搞恶作剧,反而表现出他们是勤于动脑的,也愿意积极地想办法做出与众不同的表现。如果父母能够对孩子加以正确的引导,激发孩子智力方面的潜能,那么对于孩子的成长就是有利的。

从积极的一方面来说,喜欢搞恶作剧,对于孩子到底有哪些好处呢?通常情况下,只有那些想象力丰富并且富有创造力的孩子才能独出心裁地搞恶作剧,和那些从小就循规蹈矩、遵守规则的孩子相比,这样的孩子在长大之后更容易做出成就。虽然恶作剧并不能给人带来良好的体验,但是想成功地搞恶作剧,需要独出心裁。在此过程中,培养孩子了独立思考的能力,而且他们的执行能力也会变得越来越强。

搞恶作剧会逾越父母规定的行为边界,孩子在真正完成恶作剧的过程中,只能依靠自己,或者只有很少的合作伙伴。在此过程中,孩子的独立性得到增强。从以上两个方面来看,孩子喜欢搞恶作剧并不一定都会产生负面的作用和效果,父母应该洞察孩子行为背后的深层次心理原因,对孩子进行积极有效的引导,这样才有助于孩子形成健全的个性。

不管从哪个方面来说,孩子搞恶作剧都并非怀着极大的恶意,所以哪怕孩子造成了一些后果,父母也不要严厉地惩罚孩子,或者肆无忌惮地责骂孩子。父母要为孩子指出这些行为的

正面管教，帮孩子改正不良行为

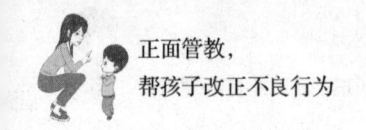

不恰当，从而对孩子进行引导，在必要的时候，除了批评孩子之外，父母还要给予孩子一定的肯定，并且让孩子把聪明才智发挥到积极的地方，产生更大的效用。

当父母站在与孩子对立的角度，试图纠正或者严厉地训斥孩子，往往会引起孩子的逆反心理。如果想更好地引导孩子，父母也可以反其道而行，把自己作为孩子的同谋，与孩子一起搞恶作剧，这样就可以与孩子拉近距离，也可以得到孩子的信任，从而更好地引导和教育孩子。

不可否认的是，有一些孩子之所以热衷于搞恶作剧，与他们精力旺盛，有多余的精力没有地方发泄是密切相关的。在这样的情况下，父母可以找到更好的途径和渠道，为孩子提供机会发泄多余的精力。例如，父母可以和孩子一起进行实验，从而让孩子知道搞恶作剧的后果。这样能够循序渐进地培养孩子对小动物的爱护之心，也能够让孩子确立行为边界，从而保证自己的言行举止在正常的范围内，也很合时宜。

孩子本质上都是非常善良的，他们并不是以伤害他人为目的故意搞恶作剧，有的时候只是因为突发奇想，或者因为一时的情绪冲动。不管孩子因为何种原因搞恶作剧，父母都不要给孩子贴上负面的标签，也不要打击和否定孩子。孩子成长的过程是非常漫长的，在成长过程中，孩子会有各种各样的表现，父母要做的就是尊重孩子，给予孩子更好的引导和帮助，这才是对孩子负责的教育方式。

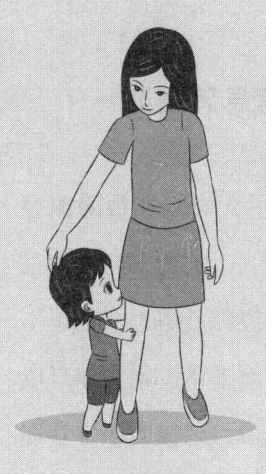

第七章
健康谈"性"——纠正孩子的不良性心理

　　成长的过程中,孩子会对生命产生强烈的好奇,也想探索生命的真谛。在很多传统的家庭教育中,父母都忽略了对孩子进行性教育,实际上,性教育并不会因为父母的逃避就变得无足轻重。孩子成长的过程是不可逆的,不论父母对性教育采取怎样的态度,孩子终究在一天一天地长大,所以父母一定要正视性教育,这样才能帮助孩子进行性发展,也才能帮助孩子纠正不良的性心理。

正面管教，
帮孩子改正不良行为

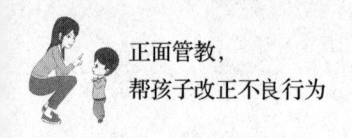

孩子偷看黄色书刊和网页信息怎么办

今天早晨，陈佩早早地起床去上学了，妈妈在帮陈佩叠被子的时候，在枕头下发现了一本黄色书刊。黄色书刊上的很多内容和图片都不堪入目，妈妈感到非常震惊，她怎么也想不到自己乖巧懂事的儿子居然会看这样的下流书籍。她当即打电话把这件事情告诉了爸爸，激动地对爸爸说："快回来管管你儿子吧，你儿子都快变成小流氓了！他居然敢偷偷地看黄色书刊，这思想也太龌龊了。"

听到妈妈的话，爸爸的反应并没有那么激烈。爸爸对妈妈说："你先平静一下。孩子已经进入了青春期。我们要注意教育的方式方法，而且孩子对性产生好奇也是正常的生理和心理反应。我觉得我们应该由此反思自己是否疏于对孩子进行性教育，才导致孩子出现这样的行为。今天我会去书店选购几本关于青春期性教育的书给孩子看，对孩子进行正确的引导，这样孩子就不用通过歪门邪道来了解性知识了。"

孩子进入青春期之后，对于性会越来越好奇，如果父母能够以正确的方式对孩子讲授性知识，那么，孩子对于黄色的书刊就不会满怀好奇。其实，父母即使逃避也并不能改变现状。现代社会中，因为网络的普及，所以孩子有很多机会接触关于

第七章
健康谈"性"——纠正孩子的不良性心理

性的知识,与其对孩子缄口不言性,还不如大大方方地对孩子进行性教育,坦诚地与孩子针对性的问题进行沟通,这样反而能够打消孩子对性的好奇,使孩子正确地对待性。

现代社会中,大多数父母对于青春期孩子的性教育都讳莫如深,他们认为,对孩子开展性教育会对孩子起到误导的作用,其实这是掩耳盗铃的想法。孩子的成长不会因为任何人的任何态度或任何方式而受到阻碍,所以,父母应该主动地对孩子开展性教育。

进入青春期之后,孩子的信心逐步形成,不管是在身体上还是在心理上,都会发生很大的改变。当年幼的孩子询问生命的起源问题时,很多父母都会对孩子采取搪塞的态度,告诉孩子是从垃圾堆里把孩子捡回来的,或者是从集市上把孩子买回来的。这样避而不答,会让孩子对性产生很大的误解,随着渐渐成长,他们就会自行寻找渠道来解答心中的疑惑。父母与其逼着孩子走上不可控的性知识获取渠道,还不如采取主动的态度有效地引导孩子,帮助孩子学习性知识。

西方的很多国家从小学阶段就开始安排性教育的课程,但是在中国,对于性教育始终处于讳莫如深的状态,半遮半掩。其实,对性采取保守的态度并不能让孩子不关注性或者阻碍孩子成长的过程,反而会让孩子对性感到更加好奇和神秘。父母应该改变对性的观念,先从自身做到科学地面对性知识,主动地学习关于性的知识,才能对孩子进行正确有效的性教育。

正面管教，
帮孩子改正不良行为

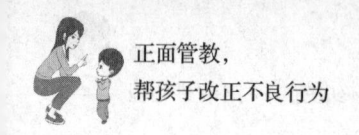

当发现孩子偷看黄色书刊的时候，我们不要慌张，而是应该像事例中的爸爸那样，反思自己对孩子性教育方面是否有所欠缺，这样才能真正地给予孩子帮助。

随着性教育的开展，孩子对于异性必然越来越感兴趣，在此基础上，父母还要引导孩子正确地对待异性交往，并且要与老师进行配密切配合，从而对孩子进行全方位的引导和帮助，这样才能避免激发孩子的叛逆心理，也才能让性教育顺利展开。

孩子早恋怎么办

如果说在小学阶段，孩子与异性同学相处的时候会保持适度的距离，而且他们更热衷于与同性的同学交往，那么在进入青春期之后，孩子对异性就会充满好奇。所谓异性相吸原理，在这个阶段将会发生很强烈的作用。

作为父母，如果家里有青春期的孩子，就要做好孩子与异性朋友交往的心理准备，也要想好自己应该如何更好地引导孩子，才能帮助孩子处理好与异性之间的交往和情感问题。从总的原则上来说，父母应该坚持信任孩子的原则，以朋友的身份真正尊重和平等对待孩子；也要倾听孩子的心声，这样才能让孩子打开心扉，愿意对父母坦诚相待。只有建立在顺畅沟通的基础上，父母才能切实地帮助孩子处理好与异性的感情问题，

第七章
健康谈"性"——纠正孩子的不良性心理

也才能给予孩子积极有效的指导,让孩子与异性之间保持适度的距离。

对于青春期孩子过早地与异性朋友交往这种现象,很多父母和老师都将其称为早恋。所谓早恋,从字面上来理解,就是过早地恋爱。很多父母对孩子的早恋现象都如临大敌,非常恐慌,其实这是完全没有必要的。尽管早恋发生的时间太早,但是只要是恋爱就是造物主赐予人类的最美好礼物,也能够让孩子体验到一种非常珍贵的感情。又因为现代社会中孩子所处的成长环境是更加自由开放的,网络的普及使得他们可以从各种渠道获取关于爱情和性的知识,所以他们在心理方面就会成熟得更早。还因为社会上开放的风潮,很多青春期的孩子在恋爱的时候并不遮遮掩掩,反而理直气壮。在这种情况下,父母如果强行禁止孩子早恋,只会激发起孩子的逆反心理。

对于孩子早恋这种现象,父母应该调整自己的态度,而不要过于紧张,更不要做出过激的反应。孩子在小时候对于小伙伴并没有性别的认知差异,这就是人们常说的两小无猜。直到进入青春期之后,他们在性心理渐渐成熟之下,对异性变得越来越感兴趣,也会更加关注异性,甚至对异性产生爱慕之情,这是完全符合孩子身心发展规律的。父母要设身处地为孩子着想,也可以想一想自己在青春期时对异性的懵懂感情,从而做到真正地理解孩子。不要把孩子之间互生好感互生情愫这种行为定性为早恋,也不要因为孩子早恋就对孩子严厉禁止,或

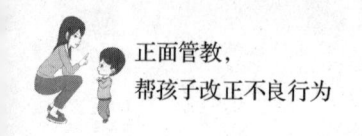

者对孩子做出一些过激的举动，父母只有真正信赖孩子，以朋友的身份与孩子相处，才能赢得孩子的信赖，也才能了解孩子的真实想法。

有些孩子会做出逆反行为，如果父母不分青红皂白，就把孩子对异性的好感定性为早恋，甚至禁止孩子与异性交往，那么只会让孩子越来越叛逆。父母在指导孩子与异性朋友交往的时候，必须做到以下几点。

首先，父母要端正态度。对于孩子与异性的交往，父母不要风声鹤唳，也不要草木皆兵。孩子与异性同学交往只要在正常的范围内，父母就应该淡然面对，或许还可以对孩子采取支持的态度，这样才不会激发起孩子的逆反心理。

其次，如果孩子收到了异性同学的求爱信，那么，父母一定要引导孩子以正确的方式处理好这个问题。有些孩子会把异性同学的求爱信交给老师，甚至公之于众，这样会伤害对方的心，也会与对方交恶。有些孩子不好意思拒绝对方，就采取拖延的态度，这样也会使对方产生误解。正确的做法是以合理的方式明确地拒绝对方，这样才能让对方有所收敛。

再次，当孩子出现单相思的情况时，父母要帮助孩子区分爱情与友情。有的时候我们只是因为志同道合，所以想与异性走得更近，这并不是真正的爱情。此外，在青春期里，异性同学之间交往密切也并不一定意味着产生了爱情，也有可能是彼此之间有好感，所以父母要帮助孩子区分这些细微的感情，这样才能随时掌握孩子的感情动向,也才能给予孩子有效的帮助。

最后,既然孩子已经对异性产生了强烈的好奇,也想要与异性亲近,那么不管孩子是否已经开始早恋,父母都要做到的一件事情就是及时对孩子开展正确的性教育,帮助孩子树立正确的婚恋观,这样才能对孩子起到防患于未然的良好教育作用。

很多问题都不会因为我们的逃避而不存在,既然如此,我们既要勇敢地面对问题,也要积极地解决问题。尤其是作为父母,和孩子相比,父母掌握的知识更多,人生的经验也更加丰富。所以父母要指导孩子做出正确的应对,也要给予孩子更好的帮助。

孩子出现性敏感行为怎么办

萌萌正在读高一,她身材窈窕,皮肤白皙,五官端庄秀丽,学习表现也非常好,所以在班级里深得很多异性同学的喜爱。这些异性同学全都很欣赏萌萌,也很崇拜萌萌,他们都亲切地称呼萌萌为"我们的班长"。但是萌萌呢,对于异性却出现了性敏感的表现。

每当因为一些事情需要与异性单独接触的时候,萌萌才和异性说了一句话,就脸红心跳面红耳赤,甚至会磕磕巴巴得说不出话来。这使得萌萌不得不向老师辞掉班长的职务,她只能想方设法地避免与异性接触。

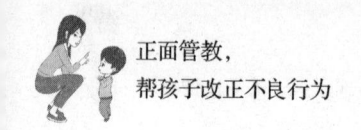

所谓性敏感行为，就是孩子在与异性接触的时候，总是会把与异性的正常接触联想到亲密关系，由此生发想象，设想到很多糟糕的后果，这使得他们只能逃避与异性接触，而无法以正常的态度面对异性。事例中的萌萌，在面对异性的时候出现了严重害羞和紧张的情况，也有一些青春期的孩子在面对异性的时候会进行一些不切实际的想象。例如，有一个男生，他总是担心自己在梦遗过程中会把精子沾染到衣服上，然后在和女生接触的时候，精子又会通过衣物等东西的接触钻入女生的体内，导致女生怀孕。这样的想法尽管从科学角度来说是根本不可能变成现实的，但是这个男孩却沉浸在这样的想象中无法自拔，这也使他总是躲避着女孩，无法与异性正常相处。

孩子为什么会出现性敏感行为呢？这是因为他们没有接受正确的性教育。他们在进入青春期之后，性生理和性心理都会快速发展，这使他们的第二性征越来越明显。他们对于异性越来越感兴趣，对于生命的起源也会不停地探索。在这种情况下，如果他们没有得到正确的性教育，也没有得到良好的性引导，或者处于长期禁锢的性教育环境中，或者因为曾经受到过感情方面的挫折，或者因为受到了不良的性教育，他们就会出现一系列的性敏感或者是恐惧性的行为。

孩子出现性敏感行为会给他们与异性相处带来很大的障碍。父母在教育孩子的过程中，为了避免孩子出现性敏感的行为，应该及时地对孩子开展正确的性教育。在进入青春期之

第七章
健康谈"性"——纠正孩子的不良性心理

后,孩子自然而然就会开始关心与性有关的一些问题,甚至还会产生性欲,对于孩子这样的生理和心理的发展,父母一定要以正确的态度面对。

父母需要知道的是,孩子并不会随着成长就无师自通地了解很多性知识,父母即使刻意逃避对孩子开展性教育,孩子的成长过程也不会因此而受到阻碍,所以父母不要觉得孩子还小,不需要了解这些乱七八糟的知识,也不要觉得孩子长大之后自然就会懂得性知识。父母只有从这两个误解之中走出去,以积极的态度对孩子开展性教育,对孩子进行性引导,才能避免孩子出现性行为方面的异常。

当发现孩子出现性敏感行为的时候,父母可以用各种方式帮助孩子,对孩子进行性教育这是前提和基础。在此基础之上,还可以帮助孩子转移注意力,为孩子安排一些活动,让孩子发泄多余的精力,或者是明确孩子身边的性刺激源。例如,在网络上安装安全卫士,避免孩子接触到网络上的各种淫秽视频或者是图片,或者清除孩子身边的黄色书刊等印刷品,避免孩子受到性诱惑,这样孩子才会把更多的时间和精力用于学习。

不管父母采取何种方式对孩子开展性教育,都不要回避孩子面临的新问题。孩子处在不同的成长阶段,他们会有不同的性心理和性表现,父母既不要提前对孩子开展性教育,也不要延后或者回避对孩子进行性教育。父母只有给予孩子健康正常的性教育,孩子在性方面的生理和心理表现才会更加成熟和稳定。

孩子手淫怎么办

早晨，虫虫去上学了，妈妈和往常一样给虫虫叠被子。她把虫虫的被褥叠好之后，发现虫虫的床上靠近枕头边缘的地方，压着一张皱巴巴的手帕纸。这张手帕纸看起来还有些泛黄，上面似乎抹了很多鼻涕。妈妈暗暗想道："虫虫这段时间也没有感冒呀，为何床上会有这样的一张纸？"突然，妈妈想到虫虫已经读初二了，而且他曾经有过看黄色网页的举动，妈妈赶紧拿起那张纸放在鼻子旁边闻了闻，果然，这浓烈的味道验证了妈妈的想法。

妈妈当即给爸爸打电话，告诉爸爸："今天晚上下班回来，你要做一件重要的事情。"爸爸不知道妈妈所说的是什么事情，惊讶地问："什么事情？"妈妈说："你的儿子手淫了，我觉得这个问题还是你来跟他沟通比较好。"爸爸良久都没有说话，过了半天才说："的确，孩子已经长大了，晚上我来跟他谈一谈吧。"

孩子在生理发育方面渐渐地走向成熟，性冲动是孩子生理发育成熟的一个重要标志，也是孩子进入青春期的一个重要特征。父母要想对孩子开展性教育，让孩子能够正确地对待性，控制好自己的性行为，养成良好的生活习惯，就要正视对孩子的性教育问题，而不要刻意回避。

所谓手淫，是一种通过手刺激外生殖器的方式获得性快

第七章
健康谈"性"——纠正孩子的不良性心理

感,平息性冲动的行为习惯。说起手淫这个词语,很多父母都会特别反感,因为他们觉得手淫是一个下流龌龊的词语。实际上,从科学的角度来说,适度手淫并不会对孩子造成严重的危害,因为它可以帮助孩子释放性冲动和性能量,满足孩子的性心理需求。但是如果过度手淫,就会损伤孩子的生理和心理健康。由此可见,对于孩子手淫的行为,最重要的是要把握适度的原则。那么,父母在和孩子针对这个问题进行交流的时候,要把握正确的方式,而不要因此伤害孩子的自尊。

曾经有专门的机构经过调查发现,对于青春期的男孩而言,他们之中的大多数人都曾经有过手淫的行为。这个机构又进行了跟踪调查,发现他们在成年之后并没有因为在青春期进行手淫而出现身体或者心理上的异常,所以青春期的孩子没有必要因为自己曾经偶尔有过手淫的行为就感到愧疚,甚至是看低自己。

需要注意区分的是,虽然科学家说适度手淫是不会对身体造成严重危害的,但是这并不意味着作为父母要支持和鼓励孩子手淫。手淫的限度在于,我们既不要有意地追求手淫带来的快感,也不要压抑自己在性方面的欲望。如果说手淫对孩子会造成危害,那么并不是手淫本身对孩子造成危害,而是因为孩子不能正确地对待手淫或者对手淫认知错误而导致心理扭曲或者是不健康的性行为。

父母在发现孩子手淫之后,要想对孩子进行性教育,就要坚持适度的原则，对孩子进行正确的引导。首要原则是杜绝孩子接触那些不良的黄色信息，或者是网页书刊，从而减少对孩子进行性刺激。此外，要为孩子安排更为充实和丰富的学习生活，这样孩子才能在学习方面投入大量的时间和精力，也努力去做好更多有意义的事情。

需要注意的是，在和孩子针对手淫的问题进行沟通时，父母一定要讲究方式方法。有些父母对于手淫没有正确的认知，一听到手淫这个词语，就把孩子与耍流氓等恶劣的行为联系起来，因而对孩子严厉批评甚至是侮辱，对孩子的身心都造成了严重的危害。比起手淫带来的后果，这是更严重的错误教育。父母一定要有科学的教养观，也要能够像朋友一样与孩子一起针对一些问题进行交流，这样才能真正地引导和帮助孩子。

孩子偷尝禁果怎么办

最近，萌萌总是说自己的腹部不舒服，妈妈趁着五一假期带着萌萌去医院里进行了全面体检，排除了病理性的原因。因为萌萌的例假已经过了很长时间，所以妈妈又带着萌萌去看妇科。妇科医生在详细询问了萌萌各个方面的情况之后，很隐晦地提醒妈妈："她的例假之前是不是能够按时来呢？现在出现不规律的情况，我建议你们去做一个B超。"这个时候，萌

第七章
健康谈"性"——纠正孩子的不良性心理

萌仿佛突然想起了什么,她突然间满脸涨得通红。陪着萌萌一起来的还有她的闺蜜川川,趁着萌萌妈妈出去给萌萌交费的时间,川川紧张地趴在萌萌的耳朵上,问了萌萌一个问题,萌萌满脸惊恐。

妈妈交完费回来,就带着萌萌去做B超。医生在进行检查之后,欲言又止地看着萌萌。他让萌萌先去外面等候,而让妈妈留下来等着拿报告。亲眼看着萌萌起身离开了B超室,医生对妈妈说:"孩子已经怀孕两个月了。"妈妈听到这个消息简直如同五雷轰顶,脸色煞白,险些摔倒在地上。她当即就要冲出去质问萌萌,这时候医生拦住妈妈说:"我建议你一定要保持冷静。事情既然已经发生了,是不可能时光倒流的,所以我们只能致力于解决问题,而不要造成更严重的后果。您这样冲出去,孩子会感到非常惊恐,非但无益于解决问题,还会导致更严重的后果。你一定要冷静。"

医生的这番话说得很恳切,有效安抚了妈妈,妈妈愣在原地说不出话来。医生说:"每年暑假结束,医院都会迎来人流高峰,其中既有初中生,也有高中生,还有大学生。现在孩子都出现了早熟的情况,又因为父母和老师都很少对他们进行性教育,所以孩子偷尝禁果导致后果也是很正常的。"经过医生几分钟的耐心疏导,妈妈才不再那么冲动,她脸色煞白地走出B超室,拿着结果去找妇科医生。萌萌一直跟在妈妈身后,吓得不敢吭声,此时她大概已经猜到了结果。

正面管教，
帮孩子改正不良行为

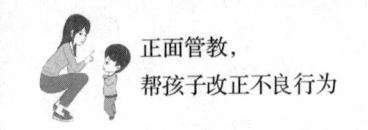

　　在妇科医生的安排下，妈妈决定带着萌萌尽快手术。萌萌知道自己犯了天大的错，一直不敢询问妈妈。看到妈妈沉默不语，她更加心惊胆战。妈妈现在最担心的不是如何处理这个问题，而是如何和爸爸说这件事情。因为爸爸是火暴脾气，如果得知萌萌做出了这样的事情，很可能会暴打萌萌一顿。妈妈认为医生说得很对，不能因为已经既成事实的事情引发更严重的后果，而是要想办法解决和处理好问题。想到这里，妈妈把萌萌送到了姥姥家，她决定晚上独自面对爸爸。她还叮嘱姥姥要看好萌萌，并且为萌萌做营养的饭菜，增强体质准备手术。

　　青春期孩子因为偷尝禁果而导致严重后果，这件事情发生的概率很大，这是因为如果孩子没有接受性教育，是不知道如何在发生性行为的时候保护自己的，也不知道偷尝禁果会给自己的身心造成怎样的伤害。

　　对于父母而言，事情既然已经发生，伤害也已经造成，最重要的是及时挽回对孩子的伤害，停止对孩子的伤害，而不是因为对这件事情不能采取正确的态度去面对而继续伤害孩子，这是对孩子非常不负责任的。

　　父母是孩子的监护人，虽然青春期的孩子有很强的行动能力，也不愿意凡事都听从父母的，但是父母依然要对孩子的言行举止负责。如果孩子出现偷尝禁果的行为，父母一味地责怪孩子是不对的，而是应该反思自己是否忽视了关心孩子，才会导致这些事情的发生。总的原则就是帮助孩子尽量解决问题，

第七章
健康谈"性"——纠正孩子的不良性心理

这才是父母的初心。

为了避免孩子出现偷尝禁果的行为，父母在对孩子开展性教育的时候，一定要把不合时宜的性行为对孩子带来的身心伤害告诉孩子，从而让孩子在权衡利弊之后做出保护好自己的明智决定。

那么，当孩子已经偷尝禁果，并且造成了严重的后果时，父母不要一味地责怪孩子，更不要以打骂、侮辱的方式发泄自己的负面情绪。任何时候，最重要的都是解决问题，保护好孩子，这才是父母应该始终牢记的。在这个原则的指导下，父母才能够控制自己的怒气，也才能与孩子更好地沟通和交流，从而真正地解决问题。

第八章
品性决定人生——纠正孩子的不良品行

优秀的孩子往往有着良好的品性，而良好的品性却是以品行和性格作为基础的。在教育孩子过程中，父母既要纠正孩子的不良品行，也要培养孩子优秀品性，这样孩子才能真正地健康成长。

正面管教，
帮孩子改正不良行为

规范孩子的行为

古人云，人前教子，人后训妻。在现代社会中，孩子的心理成熟得越来越早，所以很多父母都意识到即使当着外人的面教训孩子，也是不应该做出的错误行为，否则就会让孩子觉得丢了面子，也会激发起孩子的逆反心理。

偏偏有些孩子并不知道父母为何对他们特别容忍，尤其是在公共场合里，他们往往有恃无恐，知道父母不会当众训斥他们，就故意捣乱。对于在公共场所里喜欢捣乱的孩子，父母应该注意规范孩子的言行举止，在必要的情况下，可以把孩子带到私密的场所里，对孩子进行批评教育。总而言之，父母因为任何原因都不能姑息和纵容孩子的行为，否则就会让孩子变本加厉。

很多父母都不知道孩子为何喜欢在公共场所里捣乱，实际上，从孩子身心所处的发展阶段来看，孩子喜欢在公共场所里捣乱是正常表现，这是因为包括成人在内，每当看到新鲜事物的时候，都会产生强烈的好奇心。尤其是孩子，还会出现过于兴奋的情况。他们往往觉得自己的眼睛不够用，看不过来那些新鲜有趣的东西。

此外，也有些孩子为了吸引父母的关注，才会故意捣乱。

第八章
品性决定人生——纠正孩子的不良品行

不管孩子为何而故意捣乱，都会让父母难堪和尴尬，尤其是在有他人在场的情况下，如果孩子给他人带来了很多麻烦，让他人感到很不自在，父母就要及时制止孩子。

玲玲是一个顽皮淘气的孩子，她从小就得到了父母的宠爱，在家里不管有什么需求，都能够第一时间得到满足，不管有什么愿望，都能够被实现。正是因为玲玲变本加厉，越来越淘气，所以每当到了人多的公共场合，妈妈就很尴尬。看到玲玲更加顽皮，总是管不好自己的双手，不是摸摸这里，就是碰碰那里，有的时候还会打坏物品，或者和其他的孩子打架斗殴，这些事情都让爸爸妈妈感到特别难堪。

看到玲玲的表现，很多人都认为玲玲的父母一定是没有接受过教育的大老粗，所以才会放纵玲玲。实际上，玲玲的父母都是正经名牌大学毕业的本科生，他们都接受过高等教育，之所以没有过度约束玲玲，是担心会伤害玲玲的自尊心，或者束缚玲玲的创造力和想象力。然而，总是这样娇纵玲玲，结果变得越来越严重。在幼儿园里，老师总是说玲玲喜欢打人，和人动手动脚，引起其他同学的不满。每当和亲戚朋友聚会的时候，玲玲虽然年纪没有其他孩子大，但却是带头的捣蛋大王。看到玲玲已经从发展创造力和想象力走向了极端，父母这才意识到问题的严重性。

当发现孩子出现故意捣乱、动手动脚或者是有多动症的倾向时，父母要分析孩子行为背后隐藏的心理需求和心理动机。

正面管教，
帮孩子改正不良行为

除了要为孩子提供良好的成长环境，及时关注孩子之外，父母还应该注重保护孩子的好奇心和求知欲。同时，也要对孩子加以有效的引导。

随着年龄的不断增长，孩子的自我意识越来越强，对于这个世界也更加充满了好奇。在成长的过程中，他们不想继续接受父母无微不至的安排和照顾，而是想自主地探索和了解周围的一切，所以父母要知道正是天性使然，孩子才喜欢模仿成人生活的方式，模仿成人做事的方法。所以不要把孩子爱捣乱的行为定义为顽劣不堪，这对孩子是不公平的。

当然，这也并不意味着父母要一味地纵容孩子继续捣乱。当然发现孩子爱捣乱或者因为孩子捣乱而陷入尴尬的境遇中时，父母要保持冷静的态度。既然想对孩子进行正面管教，就不要因此而批评或者打骂孩子，否则就会对孩子起到负面的影响作用。

首先，父母应该多多与学校的老师进行沟通，避免老师过多地关注孩子爱捣乱这种现象。很多孩子爱捣乱恰恰是为了引起他人的关注，一旦老师和父母对于孩子捣乱的行为过多关注，那么孩子就会变本加厉。如果老师和父母能够统一战线，故意忽视孩子爱捣乱的行为，而是正常地关注孩子，并且在潜移默化中对孩子加以引导，那么孩子顽皮捣蛋的行为就会渐渐改变。

其次，不要总是批评、否定或者是打击孩子，而是要多多鼓励孩子，强化孩子好的行为。在教育孩子的过程中，很多父

第八章
品性决定人生——纠正孩子的不良品行

母都会陷入一个误区,即他们一旦发现孩子某些方面表现得不好,就会把孩子批判得体无完肤,导致孩子自信心全无,陷入自卑的状态之中。实际上,要想坚持正面管教的方法,就应该以鼓励孩子为主,当孩子出现好的行为表现时,父母要及时认可和赞扬孩子,这样才能有效强化孩子好的行为。

再次,要注重对孩子进行挫折教育,让孩子学会在各种不同的情境下控制自己的情绪。孩子的情绪原本就是很容易冲动而且复杂多变的,当孩子出现情绪冲动、故意捣乱的行为时,父母要坚决批评和教育孩子。为了培养孩子的自控力,父母还可以故意设置一些坎坷的情境,从而帮助孩子提升约束自我的力量,让孩子学会自我管理和自我控制,这对于孩子的健康成长是特别有帮助的。

最后,要培养孩子的专注力。孩子做很多事情都是凭着一时的兴趣,而孩子兴趣维持的时间又是比较短暂的,那么,要想让孩子长期专注地投入于某件事情之中,规范自己的言行举止持续努力地做好一件事情,父母就要注重培养孩子的专注力,也要陪伴孩子一起寻找办法解决问题。这样孩子在经过一番刻苦努力之后获得了小小的成就,他们就会感到非常喜悦,也会获得成就感,从而拥有更大的力量坚持去做得更好。

孩子并不是生而就言行规范的。在成长的过程中,他们只有得到父母的引导和帮助,才能让自己在各个方面的表现更好。父母不要因为孩子的表现不如自己的意,就对孩子抱怨不

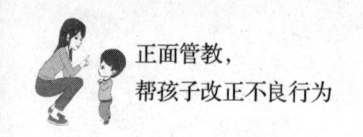

止，而是要知道活泼好动顽皮等都是孩子的特点，父母只有尊重孩子，从孩子自身的特点出发教育和引导孩子，才能事半功倍。

引导孩子遵守纪律和规则

俗话说，国有国法，家有家规，没有规矩，不成方圆。在家庭生活中，如果父母从来没有为孩子制定规矩，也没有引导孩子遵守纪律和规则，那么孩子就会养成任性霸道的坏习惯。他们会以自我为中心，做出各种过激的举动，而不能够主动地遵守规则，从而让自己的言行举止符合大众的评判标准，也真正地融入集体生活之中。

不懂得遵守纪律和规则的人会给自己带来很大的伤害，也会给其他人惹出很多麻烦。例如，前些年有人为了节省购买动物园门票的钱，从院墙翻墙进入动物园，结果掉入虎山，被老虎伤害。也有人在野生动物园中野生动物可以自由活动的区域里上下车，结果导致被老虎撕咬致死。这些行为其实都是人无视规则和纪律的表现，可怜无辜的动物因此而受到了牵连被击毙，成为了人无视规则和纪律的牺牲品。

很多人对于遵守纪律和规则的重要性都缺乏认知，也没有进行深刻的思考，他们认为只是偶尔不遵守纪律无关紧要，甚至还有些父母会认为孩子是因为勇敢才不愿意遵守纪律。他们

第八章
品性决定人生——纠正孩子的不良品行

还非常聪明狡猾,所以才能瞒过老师的耳目,公然挑衅纪律或者规则。父母对于孩子的评价,会对孩子起到极大的负面引导作用,使孩子更加目无法纪,放纵自己,使孩子的行为习惯越来越糟糕。如果在孩子小的时候,父母不注重对孩子进行教育引导,也没有培养孩子遵守纪律和规则的好习惯,那么随着渐渐长大,孩子在这些方面就会表现很差。

当然,不同年纪的孩子遵守规则和纪律的意识是不同的。很小的孩子并没有遵守规则和纪律的意识,所以他们做事情的时候往往会遵循自己的本心。他们在小时候会对父母言听计从,随着不断成长,自我意识越来越强,就想抗拒父母,做好自己。在此过程中,父母要积极地引导孩子学会遵守规则和纪律,这才是对孩子的成长负责的表现。

规则和纪律在家庭生活中最直观的表现就是确立孩子的行为边界,只有为孩子制定规则,也要求孩子遵守纪律,孩子在做出一些行为的时候才会有边界,才能更好地约束自己。例如,那些素质比较高的父母会要求孩子吃饭之后要把桌面收拾干净,要求孩子在公共场所里不能大声喧哗,要求孩子对同学要懂讲文明讲礼貌,谦虚礼让。这些事情都能让孩子给他人留下良好的印象,对于孩子的成长是有助力的。

需要注意的是,孩子在成长的过程中固然需要规则和纪律的约束,作为父母,却不要总是严禁孩子做任何事情。不管做什么事情都应该把握适度的原则,只有在适度这个大前提之

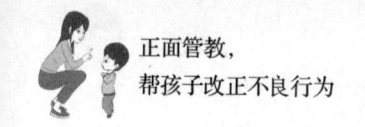

下，才能做得又快又好。举个最简单的例子来说，父母要求孩子遵守的规则和纪律也要适度，如果没有规则和纪律的限制，孩子就会任性妄为，如果规则和纪律太多，把孩子限制得死死的，就会影响孩子的身心发展。每个父母教育孩子最终的目的就是希望孩子能够尽快成长，渐渐地走向独立，拥有属于自己的人生和未来。父母要始终牢记这一点，把握好规则和纪律的限度，才能起到加强对孩子进行教育的终极作用。

父母要想引导孩子遵守纪律，遵守规则，就应该做到以下几点。

首先，在日常生活中，父母要为孩子制定良好的作息规律，并且要求孩子每天都要坚持规律的作息。现实生活中，很多父母都不愿意对孩子加以限制，孩子总是到了深夜还在看电视，早晨又不愿意早早地起床，基本每天上学都会迟到。这会导致孩子越来越无视规则和纪律，所以父母既要为孩子制定规则和纪律，也要身先示范，当着孩子的面主动遵守规则和纪律，从而为孩子做好榜样。

其次，父母要磨炼孩子的意志，培养孩子的优秀品质。现代社会中，大多数孩子都没有吃苦的精神，他们在生活或者学习中遇到小小的困难时，马上就会想要放弃。所谓不经历风雨怎能见彩虹，孩子如果不经历磨难，是不可能获得成功的，所以父母要引导孩子正视失败，正视各种挫折和磨难，让孩子形成遵纪守法的意识，也要铸造孩子优秀的品质，这样孩子在生

第八章
品性决定人生——纠正孩子的不良品行

活中才能按部就班地做好自己该做的事情。

最后,要培养孩子遵守规则和纪律的意识,端正他们对纪律和规则的态度。很多孩子从来不知道遵守规则和纪律多么重要,所以他们会有意识地挑战规则和纪律。当孩子出现这样的行为表现时,父母一定要及时引导孩子,让孩子知道遵守规则和纪律是应该做到的事情,当孩子故意违反规则或者纪律的时候,父母也要及时地向他们讲明道理,或者是对他们采取一定的惩罚措施,这都有助于为孩子确立行为边界。

在这个世界上,并没有绝对的自由,所有的自由都是在规则限定范围内的自由,所有的自由都应该是在纪律允许范围内的自由,所以父母不要总是当着孩子的面抱怨被规则和纪律约束,否则就会让孩子对规则和纪律产生反感的心理。父母应该作为榜样,主动积极地遵守规则和纪律,这样孩子才能学习父母的样子,模仿父母的做法,成为遵守纪律和规则的好标兵。

教会孩子拾金不昧

傍晚放学,妈妈和往常一样在校门口等着思思放学。她等了很长时间都没有看到思思,正当她急不可耐地想要进入校园里去找思思的时候,看到思思从学校一侧的一家超市里步行出来了。思思一只手里拿着一大盒巧克力,另一只手里还举着

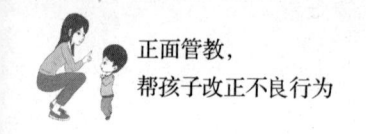

一个冰激凌。看到思思买了这么多东西,妈妈非常惊讶,问思思:"思思,你哪来的钱买这些东西呀?"

思思兴高采烈地对妈妈说:"妈妈,今天我发财了!我在学校操场玩的时候,看到脚下有个红色的东西。我低头仔细一看,原来是一张百元大钞。看吧,我买这么多东西才花了50元钱,我还剩下50元钱呢,还可以用来买一些文具或者是好玩的玩具。"

听到思思的话,妈妈脸上的笑容慢慢地凝固了。妈妈沉思着对思思说:"思思,你捡到了钱,为什么不交给老师呢?"思思纳闷地看着妈妈说:"我捡到的钱是没有人要的呀,我为什么要交给老师呢?路边的东西,应该是谁捡到了就归谁吧!"

妈妈耐心地引导思思:"那么,你觉得地上会无缘无故地出现一张百元大钞吗?"思思摇摇头,说:"肯定是有人一不小心丢掉了钱。"妈妈又问思思:"那么,如果你拿着爸爸妈妈给你的钱来学校里缴费,却不小心遗失了,你会不会着急呢?"

思思陷入了沉思,着急地说:"我一定会把钱保管好,我不会把钱丢掉的。"看到思思在逃避,妈妈索性直截了当地对思思说:"思思,捡到的东西应该物归原主,而不能据为己有。如果你在马路上走,捡到了东西,那么你要把这个东西交给警察叔叔。现在你是在学校里捡到了东西,那么你应该把这个东西交给老师,这样失主就更容易找到丢失的东西。"

思思很久都没有说话,妈妈继续对思思说:"以前拾金

第八章
品性决定人生——纠正孩子的不良品行

不昧是美德，现在如果捡到了财物据为己有，还会触犯法律！当然，妈妈并不希望你是因为被法律约束才物归原主，而是希望你知道拾金不昧是一种优秀的品质，对于不是自己的东西，我们不应该将其占为己有，并且没有经过他人的同意就进行消费，会给他人造成很大的伤害。"

在妈妈苦口婆心的劝说下，思思这才同意把钱交给老师，但是思思已经把钱花掉了，这可怎么办呢？看到思思为难的样子，妈妈拿出100元钱对思思说："既然你花掉了别人的100元钱，现在妈妈给你100元钱去交给老师。你买的这些东西，妈妈希望你能够作为零食，有计划地食用，而不要一下子吃得太多，会有蛀牙，也对身体健康不利。"拿着妈妈的100元钱，思思明显有些舍不得。妈妈用信任的眼神看着思思，思思只好拿着钱走向老师的办公室。

很多孩子对在路上或者是某些地方捡到的财物，并没有将其交还失主的意识。他们认为既然这些东西是没人要的，所以他们只要捡到就可以据为己有。在对孩子开展家庭教育的时候，父母应该把这些道理告诉孩子，让孩子能够区分自己的东西和他人的东西。两岁多的孩子就会渐渐地形成物权和所有权的概念，所以父母应该从孩子小时候就对孩子加以引导，让孩子知道哪些东西是自己的，可以由自己支配，哪些东西是他人的，必须交还他人。当孩子真正懂得了其中的道理，就能够做到拾金不昧，主动上交失物。

正面管教，
帮孩子改正不良行为

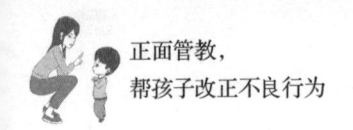

事例中，思思妈妈的做法就是非常好的。虽然思思已经把捡到的100元钱花掉了大半，但是妈妈并没有让这件事情就这样过去，她拿出了100元钱，让思思作为失物交给老师。对于思思已经购买的零食，妈妈则让思思要有计划地食用，从而起到了一举两得的作用。在此过程中，妈妈给思思做出了很好的榜样和示范作用，让思思知道拾金不昧不仅是美德，也是每个人必须尽到的义务。

在劝说思思的过程中，妈妈还引导思思进行换位思考，让思思假设自己丢失了钱物，从而引导思思对失主感同身受后，能够理解和体谅失主的着急。这样就能够培养思思的同理心，让思思与丢东西的人产生共情。

如果孩子因为没有归还失物的意识而把失物占为己有，那么父母应该配合孩子圆满地处理这件事情，就像事例中的思思妈妈一样。如果孩子故意侵占他人的财物，那么父母可以对孩子采取必要的惩罚措施，让孩子知道这样的行为是错误的，从而为孩子确立行为边界。

避免孩子偷拿他人东西

四五岁的孩子年纪还比较小，并没有形成明确的物权观念与是非观念。尤其是在幼儿园里和很多小朋友在一起相处的

第八章
品性决定人生——纠正孩子的不良品行

时候，当他们看到其他小朋友的玩具或者是零食非常好玩或非常美味时，往往会把这些东西偷偷地据为己有。在成人的世界中，如果发生这样的行为，就会被冠以偷窃的罪名。但是对于孩子而言，他们之所以做出这样的举动，绝不是为了偷窃，所以当父母发现孩子偷拿他人的东西时，不要仓促地给孩子冠以偷窃的罪名，也不要严厉地训斥或者不分轻重地惩罚孩子，更不要不顾孩子的颜面，就把孩子这样的行为公之于众。父母首先要做的是保护孩子的自尊心，让孩子知道廉耻，接下来要帮助孩子形成物权概念，让孩子知道哪些东西是属于他们的，哪些东西是属于别人的。如果孩子已经养成了顺手牵羊的坏习惯，那么，父母就要采取有效的措施，严厉禁止孩子继续做出顺手牵羊的行为，或者可以对孩子进行一些惩罚，从而帮助孩子确立行为边界。

现实的社会中，每个人都非常憎恨偷窃的行为，没有任何父母希望自己的孩子会变成一个真正的小偷。那么父母就要从小对孩子进行教育和引导，才能起到防患于未然的作用。父母要对孩子偷拿他人东西的行为有正确的认知，既不要把这件事情过得说得过于严重，批评和训斥孩子，也不要把这个问题看得轻描淡写，认为这个问题无关紧要。只有以端正的态度对待这个问题，及时告诉孩子其中的道理，引导孩子作出正确的行为，才能避免更糟糕的情况出现。

需要注意的是，对于四到六岁的孩子来说，他们并不能区

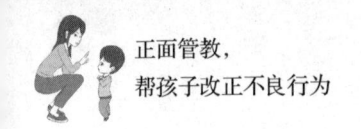

分某些东西在严格意义上的物权归属。他们之所以占有一件东西，原因其实很简单，就是因为他们觉得这个东西非常好，所以想要获得这个东西。在这种情况下，父母最重要的是培养孩子的物权归属意识，让孩子知道每个人只能拥有自己的东西，而不能随便占有别人的东西。

有的时候，孩子看到他人有好吃的零食或者是好玩的玩具，往往会因为羡慕而对自己的父母提出一些要求。作为父母，如果孩子的要求是合理的，就应该积极地满足孩子；如果孩子的要求是不合理的，那么应该向孩子讲述清楚道理，打消孩子不切实际的念头，这样才能避免孩子做出错误的行为。如果对于孩子的苦苦哀求，父母始终听若未闻，那么孩子就会因为过于迫切地渴望得到某种东西铤而走险。即使孩子因为这个原因而做出偷拿的举动，也并不意味着孩子品质恶劣，只能说他们太实在是太羡慕别人，也太喜欢某个东西了。

在家庭生活中，父母还要为孩子做好榜样，不要对孩子形成负面的影响。有一些父母会贪小便宜，他们一旦抓住机会，就会从办公室里偷拿一些东西带回家。孩子虽然小，但是日久天长他们渐渐地就会受到父母的负面影响，认为偷偷地拿公家的东西是被允许的，所以就认为自己偷拿别人的东西也并非罪不可赦。在这种思想的影响下，孩子偷拿东西的行为就会越来越严重。

到了六七岁之后，如果孩子还是继续偷拿他人的东西，那么父母就要对孩子严加管教。因为在六七岁之后,孩子偷拿他人的东西往往是出于故意,而并非像此前那样是出于无意。那么,父母如何做,才能纠正孩子偷拿别人东西的坏习惯呢?

总体而言,除了要满足孩子的合理需求,帮助孩子形成物权归属的概念之外,父母还要及时对孩子讲道理,让孩子知道偷拿别人东西的行为是错误的。此外,也可以用情景想象法对孩子展开教育。所谓情景想象法,顾名思义就是和孩子一起想象自己置身于他人的情景之中。例如,可以引导孩子把自己想象成丢失东西的人,让孩子切身体会到作为失去财物的人该有多么着急和伤心,这样孩子就会对丢失东西的人产生共情,也产生共鸣,他们就不会再把他人的东西据为己有了。

教会孩子珍惜粮食

七岁的哲哲什么都好,就是食欲不好,胃口很小。每天吃饭的时候,他都会剩下一些饭菜。有的时候妈妈为他准备很多饭菜,他会剩得更多。即使妈妈给他准备的饭菜很少,他也会因为挑剔而浪费粮食。一次又一次地倒掉剩饭,妈妈非常心疼,几次三番地提醒哲哲要珍惜粮食,但是哲哲却对此不以为然。

趁着中秋假期家里农忙,又因为假期很长,所以妈妈决定带着哲哲回老家帮助爷爷奶奶秋收。哲哲听说要回老家秋收,

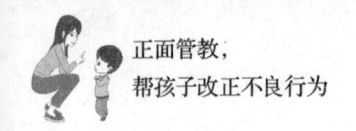

他还很高兴呢，他可不知道秋收有多么辛苦。就这样，妈妈买了高铁票，带着哲哲回到了老家，看到家乡遍地都是金色的麦穗，哲哲兴奋不已。

他和妈妈到了家里之后，妈妈当即就带着哲哲去田地里参加劳动。虽然奶奶劝说妈妈不要带着哲哲下地，妈妈却坚持要去。到了田地里之后，哲哲才兴奋了不到十分钟，就开始就皱着眉头撅着小嘴抱怨起来："热死我了，这么晒的天气，我都快被晒爆皮了，我还特别渴呢！"

妈妈赶紧抓住这个机会，对哲哲展开教育。她语重心长地对哲哲说："哲哲，你看看农民种粮食是非常辛苦的，你现在只是来帮忙收获粮食就觉得辛苦，其实整个粮食的生长期要经过好几个月，还要插秧，中间还要施肥等等，这些事情都要爷爷奶奶辛辛苦苦去做。爷爷奶奶都这么大年纪了，对于他们辛苦种出来的粮食，你忍心把它丢掉吗？如果把粮食浪费了，你觉得对得起爷爷奶奶吗？还有很多农民甚至比爷爷奶奶年纪更大，他们种粮食更不容易。"

听了妈妈的话，哲哲陷入了沉思。他说："我原本以为只要花钱就能买到粮食，原来种粮食是这么辛苦的一件事情。"妈妈忍不住笑起来，说："花钱当然能买到粮食，但是每一粒粮食都是农民伯伯辛辛苦苦地种出来的，所以我们必须珍惜。即使对于自己花钱买到的粮食，也不能随意浪费。伟大的毛主席曾经说过，浪费是极大的犯罪，我们可不能犯罪呀！"

第八章
品性决定人生——纠正孩子的不良品行

在奶奶家的几天时间里，妈妈一直在安排哲哲做各种各样的农活，哲哲从对粮食毫不珍惜到越来越珍惜粮食。有一天，他吃饱了饭，还剩下一口大米，要是按照以往的习惯，他肯定会毫不迟疑地说自己不吃了，让妈妈倒掉米饭。但是这一次，他对妈妈说："妈妈，我还是把这点米饭吃掉吧，下次你尽量帮我少盛一点，不够吃的时候我再加，这样就能减少浪费了！"听到哲哲的话，妈妈欣慰极了，赶紧点了点头。

对于在艰苦年代生活过的人而言，他们深知每一粒粮食都来之不易，但是对于生活在现代社会衣食无忧的孩子们而言，他们平日里就过着优渥的生活，物质丰富，根本不知道金钱的来之不易，更不知道粮食得来不易。他们还不了解，在世界上，还有很多国家的人都处于忍饥挨饿的状态，所以他们浪费起粮食来丝毫不手软。

浪费粮食的责任并不完全在孩子身上，而是因为父母没有及时对孩子开展相关的教育。很多父母因为有钱，经济上比较富裕，所以对于物品很不爱惜。如果家庭教育不能与学校教育密切配合，只靠着老师在学校里反复地强调要珍惜粮食，孩子们是很难做到珍惜粮食，尊重他人的劳动成果的。我们可以向哲哲妈妈学习，带着孩子去农村，让孩子亲身体验农民种植庄稼的辛苦，让孩子知道"谁知盘中餐，粒粒皆辛苦"的道理，这样孩子才能从主观上意识到要珍惜粮食，也才能真正地改正自己浪费粮食的错误行为。

正面管教，
帮孩子改正不良行为

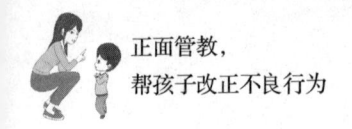

  如果孩子出现浪费粮食的行为，那么他们不仅不爱惜粮食，对于其他的很多东西也会肆意挥霍，所以父母要想让孩子勤俭节约，就要从小培养孩子珍惜粮食、珍惜物品的好习惯。

  除了因为胃口不好而浪费粮食之外，还有一些孩子之所以浪费粮食，是因为他们不缺吃不缺喝，拥有很丰富的物质条件，就更是会对那些原本珍贵的东西丝毫不放在眼里。这与家庭教育是密切相关的，很多父母因为自己曾经过过苦日子，就不想亏欠孩子，不想让孩子在物质上捉襟见肘，所以对孩子过分宠爱。其实，适当地让孩子吃一些苦对孩子的成长是很有好处的。当孩子出现挑食偏食等情况时，还可以适度地让孩子忍饥挨饿，这对于帮助孩子养成珍惜粮食的好习惯是大有裨益的。

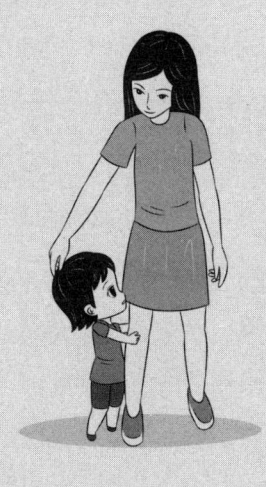

第九章
孩子别害怕——帮助孩子战胜胆小的心理

很多孩子都会有恐惧心理。曾经有心理学家说恐惧是上古情绪,这句话告诉我们恐惧心理是与生俱来的,孩子有恐惧心理是完全正常的。那么,当孩子表现出恐惧、害怕的行为时,父母不要因此而批评或者指责孩子,而要能够积极地帮助孩子战胜胆小的心理,让孩子不再害怕,让孩子真正勇敢起来,这才是父母教育孩子的终极目标之一。

孩子出现生长痛怎么办

皮皮五岁了，正在读幼儿园大班。原本，皮皮是一个非常乖巧的孩子，很少给爸爸妈妈增加麻烦。但是最近的晚上，皮皮在睡着的时候常常会突然哭起来，抱着腿不停地喊痛，看到皮皮烦躁不安又非常痛苦的样子，妈妈赶紧打电话向老师询问情况。老师说："皮皮白天在学校里的表现一切都很正常。"妈妈很纳闷，不知道皮皮到底怎么了。

看到皮皮抱着腿满床打滚哭得稀里哗啦，妈妈和爸爸当即带着皮皮去了医院，挂了急诊外科。医生在检查皮皮的腿部情况之后，对爸爸妈妈说："孩子出现这样的情况应该是生长痛，并不会造成很严重的后果。可能是因为孩子白天的运动量过大，另外还因为肌肉和骨骼成长的速度不协调。你们可以给孩子适当补钙，另外，白天的时候让孩子不要那么剧烈的地运动，情况就会渐渐好转。当然，如果你们非常担心，也可以做一个腿部的CT，排除各种病理性的原因。"爸爸妈妈经过商议，同意给皮皮做CT全面检查腿部的生长情况。CT结果显示皮皮非常健康，爸爸妈妈这才放下心来。那么，皮皮为何会出现生长痛呢？

回到家里，皮皮的腿还是酸痛难忍。他哭着问爸爸："爸

第九章
孩子别害怕——帮助孩子战胜胆小的心理

爸,我的腿是不是出问题了?我以后是不是就没有腿了?"听到皮皮的话,爸爸啼笑皆非,他耐心地安抚皮皮说:"你只是生长痛,其实这是一种好现象,说明你长得很快。有些孩子长得非常慢,他们就不会出现生长痛。你可不要胡思乱想呀!"皮皮继续哭着对爸爸说:"但是,我们班其他同学的腿都不痛啊,我已经问过他们了。他们说他们的腿从来不痛。"

爸爸对皮皮说:"我们以后多多晒太阳,吃一些钙片,坚持补钙,好不好?"在爸爸的耐心安抚之下,皮皮中的情绪渐渐的恢复了平静,他好不容易才睡着。爸爸忍不住对妈妈说:"看看吧,你儿子简直是个胆小鬼。我小时候可不像他这么胆小。"妈妈嗔怪爸爸:"他现在生活的条件这么好,怎么能跟你小时候生活在那么恶劣的环境中相比呢?而且孩子又不懂那些科学的术语,我觉得我们应该告想一个更好的办法告诉他,打消他的疑虑,这样他就不会感到害怕了。"后来,爸爸妈妈想出了一套浅显易懂的说辞,终于让皮皮不再担忧了。

不仅孩子害怕疼痛,很多成人也害怕疼痛,所以当孩子因为生长痛而哭泣或者担忧的时候,父母不要嘲笑孩子。上述事例中,爸爸尽管认为皮皮哭泣是胆小的表现,却没有当着皮皮的面说出来,这是值得表扬的。皮皮的妈妈和爸爸一起积极地想办法向皮皮讲明其中的道理,这是更为有效的处理方式。

很多孩子在成长的过程中都会出现生长痛的情况,因为孩子并没有掌握很多的知识,也没有丰富的人生经验,所以他

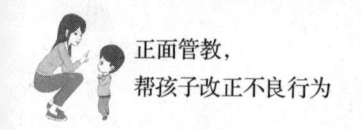

们未免会感到恐惧。其实。大多数恐惧都来源于未知，如果孩子对很多事情都有深入的了解，也相信自己能够处理好每件事情，那么他们就不会感到恐惧了。

在日常生活中，父母应该注重对孩子开展百科知识教育，让孩子了解很多事情的原理。当发现孩子情绪紧张恐惧焦虑的时候，父母可以以恰当的方式，例如打比方，告诉孩子其中的道理，这样就能有效缓解孩子的恐惧情绪。

成长的过程是很漫长的，孩子除了在特定的阶段会出现生长痛之外，在不同的成长阶段也会因为各种各样的因素承受其他的疼痛。孩子固然怕疼，父母却要鼓励孩子更加坚强勇敢。例如，孩子在打防疫针的时候会感到害怕，我们要告诉孩子打防疫针是为了保证身体健康，只有打了防疫针，身体才能多一层保护屏障。相信在了解其中的道理之后，孩子就会变得更勇敢。

细心的父母也会发现孩子和父母去打防疫针的时候，有可能会因为害怕而哭起来。但是当在学校里和同学们一起打防疫针的时候，他们往往能够表现得更勇敢。尤其是在看到其他同学都没有哭泣，而是微笑着勇敢面对的时候，他们也会获得很强大的力量。所以要想帮助孩子减轻恐惧，父母还要给孩子树立积极的榜样，这能够给孩子很强大的力量和勇气。

第九章
孩子别害怕——帮助孩子战胜胆小的心理

正确对待孩子的口吃

可可是一个非常害羞的女孩，她从小就很少出家门。这是因为可可是由保姆带大的，保姆为了保证可可的安全，总是在把可可关在家里。如果带着可可出门，既担心可可磕到碰到，又担心可可和小朋友之间发生矛盾。直到可可三岁的时候，妈妈才意识到可可过于害羞和内向，这个时候，妈妈把可可送到幼儿园里上学。其他小朋友进入幼儿园都能很快地与同龄人玩到一起，唯独可可一直孤独地坐在教室的角落里，抱着自己的水杯，既不愿意跟小朋友们一起玩，也不愿意跟老师说话。通过学校的监控摄像头看到可可的表现，妈妈特别担心。也许是因为过于紧张，在进入幼儿园没多久，可可还出现了口吃的现象。

很快，老师也把可可过于害羞内向的情况向妈妈进行了反馈，老师还建议妈妈趁着周末或者是节假日，多多带着可可去走亲访友，让可可变得大方开朗起来。妈妈认为老师说得很有道理。这个周末，妈妈带着可可去了一位同事家里玩，她之所以选择带可可去这位同事家里做客，是因为这位同事家里也有一个小姑娘，只比可可大一岁，能和可可玩到一起去。

到了同事家里之后，妈妈和同事一番寒暄，这个时候，同事让可可去找小姐姐玩。可可非常害怕地躲在妈妈的身后，紧紧地抓着妈妈的胳膊，不愿意离开妈妈。妈妈耐心地对可可说："可可，小姐姐是非常温柔善良的，她一定很喜欢跟你玩。你现在就去找小姐姐，好不好？"可可看起来很犹豫，她既想去找小姐姐玩，又担心小姐姐不愿意理睬自己。

妈妈仿佛看穿了可可的心思，耐心地对可可说："可可，你去问问小姐姐，我可以和你一起玩吗？这样你就会得到小姐姐热情的招待了，好不好？"在妈妈的鼓励之下，可可终于鼓起勇气走向小姐姐的房间，但是她一直站在小姐姐的身后，不敢和小姐姐搭讪。直到小姐姐邀请她坐下来一起玩，她才结结巴巴地说："好好好好……的。"听到可可结结巴巴的话，小姐姐忍不住哈哈大笑起来，这下子可伤了可可的自尊，她稀里哗啦地哭了起来，缠着妈妈，非要马上离开。

孩子过于认生和害羞并不是一件好事情，这会影响孩子正常的人际交往。在孩子成长的过程中，父母可以多多带孩子去一些公共的场合，或者去他人家里做客，这样孩子才会变得大方开朗。

孩子不可能生活在真空的环境中，他们总是要融入社会，适应社会上各种复杂的环境。与其等到孩子长大之后出现不能进行社交的情况再重视，父母不如从现在开始就引导孩子积极地投入社交之中。当孩子在面对陌生人出现紧张恐惧等表现的时候，父母要帮助孩子鼓起信心和勇气，要教会孩子更多与人交往的技巧，这样才能缓解紧张，也避免口吃。

除了很少参与社交导致孩子认生害羞口吃之外，有些孩子还会缺乏安全感。这些都会导致他们出现社交退缩的行为。所以，父母可以在培养孩子社交能力的时候给予孩子更多的安抚。

例如，允许孩子带着他们熟悉的一个玩具去亲戚朋友家里串门，或者经常组织孩子的同龄人来家里进行聚会，开展一些有益的活动。在此过程中，可以给孩子提供机会发言，当孩子能够鼓起勇气和陌生人或者是其他的长辈打招呼的时候，当孩子可以流畅地和同龄人交流的时候，父母要及时地给予孩子认可和表扬。

很多父母为了对孩子进行保护，总是会告诉孩子陌生人都是非常可怕的，恨不得把陌生人描绘成洪水猛兽。实际上，对于孩子而言，固然要警惕和防范陌生人，但是这并不意味着绝对不能接触陌生人。

每个人都是社会的一员，每个人都要与其他人打交道，才能真正地融入人群之中，也才能够真正地适应社会生活。作为父母，固然想保护孩子，却不要矫枉过正，既要让孩子小心防范陌生人，提高安全意识，也要鼓励孩子与陌生人交往，这样才能让孩子积极地改变害羞认生等情况，也就不再会因为紧张而出现口吃的现象。

鼓励孩子勇敢

妈妈在家的时候，小琴的作息特别有规律，每天晚上都是八点半洗漱，九点准时上床，听一会儿故事，九点半就关灯睡觉了。早晨起床的时候也基本不用喊，通常都能在七点之前主动起床穿衣，洗漱吃了饭之后就去学校。这段时间妈妈出差在外，奶奶从老家赶过来照顾小琴，妈妈每次打电话回家，即使是七点多，奶奶都说晓琴已经上床睡觉了，妈妈感到非常纳闷。要知道，平日里小琴对时间卡得特别严格，哪怕妈妈让她早五分钟上床睡觉，她都不愿意，现在小琴怎么这么乖了呢？

有一天晚上，妈妈才六点多就早早地打电话给小琴，小琴这次没有睡觉，和妈妈说了一会儿话。正在打电话呢，奶奶喊小琴："小琴，洗洗脚睡觉了。"小琴赶紧对妈妈说："妈妈，我要去睡觉啦，咱们下次再聊吧！"妈妈还没来得及做出回应呢，小琴就挂断了电话。看到小琴这样配合奶奶，妈妈倒也感到欣慰，本来妈妈还担心奶奶刚刚从老家回来，还不了解小琴的脾气秉性，所以小琴会不愿意听奶奶的话呢。

就这样过去了十几天，妈妈出差回来了。妈妈出差回来的当天，奶奶就买了火车票回家了。原来，奶奶家里还有一大摊子活没有干呢，虽然人在这里照顾小琴，心里却一直惦记着家里的各种事情，所以她就迫不及待地赶回老家去了。

妈妈和小琴分开了半个多月，很想念小琴。这天晚上，妈妈很想和小琴说说话，不想小琴却对妈妈说："妈妈，快点洗洗睡觉吧。"看到小琴这么反常的表现，妈妈忍不住问小琴："小琴，你怎么这么早就要睡觉呢？"

小琴有些恐惧地看着窗户外面一片漆黑的夜幕，对妈妈说："妈妈，外面有鬼怪，有怪物。奶奶告诉我，如果不赶紧

第九章
孩子别害怕——帮助孩子战胜胆小的心理

关灯睡觉,怪物看到谁家亮着灯,就会去谁家抓小孩,还会把小孩吃掉呢!"看到小琴紧张恐惧的样子,妈妈感到非常心疼。当天晚上睡觉的时候,小琴睡到半夜,还因为害怕而哭了起来呢。她的嘴眼睛紧紧地闭着,嘴巴里不停地喊着:"怪物,怪物。"妈妈恍然大悟:难怪小琴每天都早早地睡觉呢,原来她是因为害怕怪物呀!

为了帮助小琴打消恐惧,妈妈鼓励小琴要勇敢,但是却收效甚微。有一天晚上,外面正在举行烟火晚会,所以妈妈借着焰火的灯光,让小琴看清楚外面有没有怪物。一开始,小琴只敢躲在窗帘外面往外看,后来她发现外面真的没有外物,一切都和白天一样,只不过是因为夜幕的笼罩,所以颜色变黑了而已。在此之后,小琴再也不感到害怕了,妈妈如释重负。私下里,妈妈给奶奶打电话,让奶奶以后再也不要用这样的方式吓唬小琴了。

孩子缺乏判断和甄别能力,对于事物也缺乏了解,所以他们往往会特别相信父母或者是长辈的话。有些孩子因为过于害怕不敢面对很多事物,还会出现心神不宁的表现,渐渐地,他们就会越来越胆小。如果说孩子在三岁之前不知道害怕为何物,那么在进入三岁之后,孩子就越来越因为一些事物而感到恐惧,这正应了人们常说的那句话:无知者无畏。

对于三岁之后的孩子来说,他们之所以畏惧,恰恰是因为他们的内心开始建立判断机制,他们试图区分出哪些东西是安全的，哪些东西是具有危害性的。害怕对于孩子而言其实是一种保护机制，孩子在感到恐惧时会进行自我防护或者是自我防御，这对于孩子保护好自己是极其有帮助的。但是过度恐惧或者是害怕，则会让孩子在生活中故步自封，自我封闭，不敢面对很多事情。

通常情况下，那些性格敏感自卑的孩子更加缺乏安全感，也会因为一些事情而感到害怕。所以父母要注重培养孩子的安全感，也要引导孩子对于很多事物形成正确的认知。日常生活中，为了给孩子进行示范，在看到一些特殊的事物时，父母不要表现出过于恐惧的样子，否则就会把恐惧的情绪传染给孩子，使孩子也陷入恐惧之中。

在养育孩子的过程中，不管孩子是否听话，也不管孩子是否愿意听从父母的命令或者采纳父母的建议，父母都切勿使用一些刺激性的语言吓唬孩子。就像事例中的奶奶，她吓唬孩子说天黑了之后就会有怪物，导致孩子不敢看窗外，也非常害怕黑暗。幸好妈妈及时发现了这个问题，引导孩子看到了窗外黑暗的夜幕中并没有可怕的怪物，才帮助孩子消除了恐惧。

孩子如果从小到大都接受父母无微不至的照顾和过度的保护，也会变得特别胆小。当孩子感到害怕的时候，父母应该鼓励孩子，而不要当即就把孩子抱在怀里，哄着孩子安心，这样反而会助长孩子的恐惧心理，使孩子越来越感到恐惧。鼓励孩子勇敢地面对，带着孩子一起探寻真相，才是帮助孩子消除恐

第九章
孩子别害怕——帮助孩子战胜胆小的心理

惧最有效的方式。对于那些令人费解的事物，父母也要耐心地向孩子解释这些事物形成的原因，让孩子做到知己知彼，这样孩子才能勇敢面对这些事物。

尊重孩子的成长节奏

辛苦工作了一周，又恰逢金秋九月，秋风送爽，爸爸妈妈决定趁着天气不冷不热，带着恰恰去公园里玩。恰恰一听说要去公园里玩，当即兴奋得又跑又跳，他很喜欢去公园，因为公园里不但有美丽的花朵、好玩的游船，还有很多游乐设施呢。

早晨，妈妈早早起床为全家人准备早餐，早餐即将准备好时，妈妈喊恰恰起床。虽然妈妈已经提前把要穿的衣服摆放在恰恰的床头了，但是恰恰却慢慢吞吞的，直到爸爸都已经吃完早饭了，恰恰还没有穿好衣服呢！

爸爸提醒洽洽说："洽洽，你要赶紧穿衣服哦。我们已经吃完饭了，很快就要出门了！"恰恰呢，他看看这个，摸摸那个，只是穿了一双袜子，就用了差不多十分钟的时间。爸爸忍不住着急起来，对恰恰喊道："恰恰，你到底想不想去公园里玩？我们真的要走了，那你自己留在家里吧！"听到爸爸这么说，恰恰突然间哇哇大哭起来。

正在卫生间里洗漱的妈妈听到恰恰的哭声，赶紧冲过来查

187

看情况，得知爸爸对恰恰说的话，妈妈嗔怪地看着爸爸一语不发，然后又对恰恰说："洽洽，如果你想早一点到公园，玩更多的游乐项目，你就要加快速度，好不好？如果我们去得晚，那么只能玩很少的游乐项目了。"听了妈妈的话，恰恰当加快了速度，很快就洗漱完毕，穿好衣服。为了节省时间，他还主动提出要带一个面包在路上吃，就不在家里吃早饭了。

原本应该是非常愉快而又充实的一天，因为急性子的爸爸催促恰恰，而妈妈却任由恰恰磨蹭，所以并不那么愉快。傍晚回到家里之后，妈妈为全家人做好早饭，又给恰恰洗漱，等到恰恰上床睡着之后，妈妈才责怪爸爸："你呀，难得带孩子一次，总是催来催去的，催得孩子一天哭了好几次。"爸爸也责怪妈妈："我可不知道孩子被你带的这么慢性子，我要是知道你把孩子带成这样，我宁愿不上班，也要让孩子雷厉风行起来。"妈妈听到爸爸的话不由得笑了起来，说："就算十个你不上班，也不能把孩子带得雷厉风行起来。孩子本身的成长节奏就是很慢的，我们不能用成人的标准去要求他们，不然就会打乱他们的节奏。慢一点又有什么关系呢？我们是去游乐场玩，又不是要做什么着急的事情。反正都是休息，在家也是休息，在游乐场也是休息，又何必为了快那一时而影响孩子的出游体验呢！"

听了妈妈的话，爸爸陷入了沉思，良久都没有说话。后来，爸爸专门查阅了相关资料，想知道孩子为何做事慢慢吞吞

第九章
孩子别害怕——帮助孩子战胜胆小的心理

的,这才知道孩子的天性就是慢吞吞,父母不能随意地催促孩子。看来,妈妈作为全职家庭教育者,说得是对的呀!

很多孩子都会有慢吞吞的行为表现,很多父母都为此感到新奇。在父母眼中,孩子做事情总是拖拖拉拉、拖泥带水的,这意味着孩子的能力是比较低下的,而且孩子做很多事情都不能提高效率,也不能取得好结果,正因为如此,父母才会感到心急。在生活中,孩子拖延磨蹭,最典型的表现就是孩子正在玩玩具呢,爸爸妈妈喊了他们好几声,他们才勉强答应一声。即使孩子已经收到了讯息,他们也不愿意马上去做父母安排的事情。尤其是当父母感到着急的时候,孩子更是会因为慢性子对外界的反应比较慢。这样一来,父母难免感到心急如焚。

那么孩子为什么慢吞吞的呢?这是因为孩子身体各方面的发育都不够成熟,而且各个身体部位之间的协调性也相对较差,所以他们做事情的速度才会比较慢。此外,也有一些孩子天生就是慢性子,或者他们不能长时间地保持专注,很容易被外界的各种因素所干扰或者打扰,导致注意力涣散,这都会使孩子做事情的动作变得非常慢,速度也大大放缓。在这种情况下,父母要注重培养孩子的专注力,也要以循序渐进的方式引导孩子加快手上的动作,而切勿对孩子大吼大叫,或者是否定孩子。否则就会让孩子对自己形成负面认知,也会导致孩子做事情的动作更慢。

这一点是非常重要的。俗话说,熟能生巧。如果孩子从来没有做过一件事情，那么他们在第一次做的时候一定会做得又慢又不好，只有经常得到锻炼的机会，反复练习，孩子才能把一件事情做得又快又好。所以父母要给孩子更多的机会去锻炼。

现实生活中，很多父母都会为孩子代劳，代替孩子去做所有的事情，这使孩子没有锻炼的机会，又怎么可能提高做事的效率呢？也不排除有一些孩子的确有拖延的坏习惯，在这种情况下，父母可以以各种有效的措施督促孩子加快动作，例如像事例中的妈妈一样。在事例中，妈妈告诉孩子加快速度之后会有怎样的好处，或者是给孩子规定做一件事情的时间，这些教育技巧都有助于孩子加快速度。

总而言之，当发现孩子做事情的效率比较低，速度很慢的时候，切勿在旁边反复地唠叨和说教，这样反而会分散孩子的注意力。父母要尊重孩子成长的节奏，不要以成人的标准要求孩子，而是要认识到孩子本身就会出现这样或者那样的拖延问题，这样才能给予孩子更好的引导和帮助。

帮助孩子克服紧张心理

静静正在读小学五年级。最近学校里要举行演讲比赛，因为静静平日里就很擅长写作文，而且口才也比较好，所以老师当即决定推荐静静代表班级去参加比赛。得知自己被委以这

第九章
孩子别害怕——帮助孩子战胜胆小的心理

样的重任之后,静静急得直摆手,她一连声地对老师说:"老师,不行啊,不行啊,我会很紧张的,我肯定会搞砸的。"看到静静的表现,老师耐心地安抚静静说:"你很擅长写演讲稿,又伶牙俐齿,老师认为你一定行的。班级里,除了你能肩负这个重任之外,没有人更适合了。"

虽然静静几次推脱,但是老师坚持让静静代表班级出征。无奈之下,静静只好赶鸭子上架,开始撰写演讲稿。撰写演讲稿对于静静而言还是比较轻松的一件事情,毕竟静静只要做好幕后的工作就行,但是上台演讲可就完全不同了,静静必须鼓起勇气,还要消除紧张,才能够正常发挥。

在演讲比赛当天,静静紧张得手心直冒汗。眼看着还有两个同学演讲完就要轮到她上台了,她一会儿要喝水,一会儿要上厕所,恨不得当即找个地方躲起来。看到静静紧张不安的样子,老师握着静静的手对静静说:"如果你表现不好,别人的表现也不会好。而且就算真的表现不好也没有关系,至少上台锻炼了胆量,对不对?老师不会给你任何压力,希望你也能够放松下来。"

老师安慰的话显然并没有起到太大的作用,静静还是坐立不安,险些就要哭出来了。这个时候,老师对静静说:"要不这样吧,如果你真的很紧张,那么站到台上的时候,你不要看着台下黑压压的人群,你可以盯着远处的一个东西,让自己的目光放空,这样你就可以假设是在家中的房间中进行排练。我

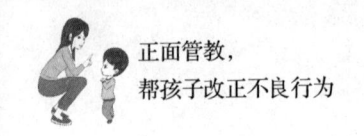

听你的妈妈说,你排练的时候表现非常好,声音洪亮,慷慨陈词,情绪饱满。如果你能做到这三点,那么你今天的表现一定会非常棒的!"

静静颤颤巍巍地说:"算了,我已经成为了案板上的肉,只能任人宰割了。既然伸头是一刀,缩头也是一刀,我就横着心去演讲吧。"这么说完之后,静静反而没有那么紧张了。轮到静静上台了,她上台之初声音有些颤抖,但是在说了几句之后,她的声音就越来越平稳。她演讲结束了,大家给予了她热烈的掌声,她还获得了一个很高的得分呢!

孩子很容易陷入紧张的状态,尤其是在做自己从未做过的事情,或者是面对很多人的时候,他们更是容易陷入极度的紧张状态,还会出现临场逃避等行为。在心理学领域,临场逃避等行为被称为退缩性行为,这是因为孩子不敢面对他们即将要面对的场合,也不敢直面众多的观众,或者不敢承担一些有难度的事情,因而就会做出逃避的举动。

其实不仅孩子会感到紧张,很多公众人物作为成人即使久经考验,也会紧张。如有些歌星在举办演唱会的时候会因为紧张而忘词,他们会把歌词写在自己的手上或者其他的地方。既然紧张是正常的一种情绪反应,作为父母,在看到孩子紧张的时候,就无需做出过激的反应,而只要引导孩子以正确的方式应对即可。

父母需要注意的是,不要对孩子怀有过高的期望,从而给

第九章
孩子别害怕——帮助孩子战胜胆小的心理

予孩子太大的压力。很多时候,孩子特别在乎父母的看法。如果父母能够告诉孩子比赛第一,成绩第二,那么相信孩子的紧张情绪就会大大缓解。

还有一些孩子从小生活在顺遂如意的环境中,总是得到他人的表扬,一旦意识到自己有可能会遭遇失败,被他人批评或者嘲笑,他们就会很紧张,也会因为缺乏自信而表现得不尽人意。所以父母应该对孩子适度期待,也要告诉孩子很多事情要更注重过程,而不仅仅是追求结果。

如果孩子因为个性敏感而过于在意他人的看法和评价,甚至因此而采取逃避和畏缩的态度,从来不敢当众表现自己,那么父母就要重视这样的情况。毕竟孩子生活在人群之中,不管是在生活中,还是在学校中,孩子都需要尝试一些新鲜的事物。父母一定要积极地鼓励孩子,才能推动孩子不断地往前走,避免孩子出现退缩的行为。

在日常生活中,父母也要做到适度表扬孩子,即使孩子犯了错误,也不要过于批评孩子,而是要掌握批评的艺术。在面对新鲜事物的时候,父母要以身作则,带着孩子一起勇敢地尝试。在一些合适的场合中,父母要鼓励孩子积极地表现自己。只有坚持这样去做,孩子才能从紧张到不紧张,直到最后落落大方,甚至爱上被人瞩目的生活。

正面管教，
帮孩子改正不良行为

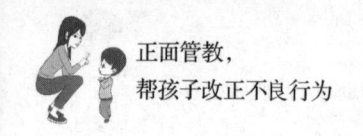

引导孩子正确面对死亡

果果从小是由奶奶带大的，她与奶奶的感情很深。直到上小学一年级，果果才离开奶奶，来到爸爸妈妈的身边生活。转眼之间，果果已经读小学三年级了。有一天，果果和往常一样坐在教室里专心致志地听老师讲课，班主任突然急急忙忙地赶到教室，招招手把果果喊到教室外面，对果果说："收拾收拾书包，你的爸爸妈妈马上来接你。"

听到班主任这么说，果果很感到很纳闷。要知道，上学三年以来，爸爸妈妈还从没有半途把她从学校接走过呢！果果正想问班主任到底发生了什么事情，班主任已经离开了。果果只好回到教室，迅速地收拾书包到了大门口。很快，爸爸妈妈就赶到大门口接果果。

果果第一时间就询问妈妈到底发生了什么事情，妈妈欲言又止，爸爸眼眶红红的，对果果说："奶奶病重，可能等不到我们回去了。我们现在就要往家赶。"

果果和爸爸妈妈生活的城市距离奶奶生活的老家足足有1000多千米呢，爸爸即使开着私家车往家里赶，也需要十个小时左右。而且因为爸爸心里惦记着奶奶，还要非常注意路上的交通安全。妈妈时不时地就提醒爸爸放慢速度。等到爸爸妈妈带着果果赶到老家的时候，奶奶已经去世了。爸爸当即扑在奶奶的床前痛哭不止，果果呢，她不知道死亡意味着什么，觉得自己

第九章
孩子别害怕——帮助孩子战胜胆小的心理

就像在做梦一样,甚至都不知道流眼泪了。妈妈推了果果一下,说:"快过去跟奶奶告别。"果果这才哇啦哇啦地哭起来。

给奶奶办完丧事后,果果一直处于迷迷糊糊梦游的状态,她不知道死亡意味着什么,也不知道自己从此以后再也没有奶奶了。有一天,她问妈妈:"妈妈,每个人都会死吗?我也会死吗?"听到果果的话,妈妈感到非常痛心,她知道是奶奶的去世刺激了果果,让果果对于死亡产生了这样的思考。

妈妈还没有想好如何回答果果,果果追问道:"妈妈,你和爸爸也会死吗?如果你和爸爸死了,那我就没有亲人了。"妈妈难过得直掉眼泪,但是她很快就擦干了眼泪,坚强地对果果说:"果果,每个人都会死,生命就是一个不断成长的过程。小小生命长大成人,到了成人的生命巅峰之后,就像一条线一样开始往死亡走去。不过这没有什么可怕的,因为生老病死是自然的规律,每个人都要经历。"

妈妈的解释显然不能安抚果果焦虑的内心。后来,果果常常在半夜哭醒。为了帮助果果正确地面对死亡,妈妈提出了一个建议。她让果果画一幅奶奶的遗像,用来纪念奶奶。果果接受了妈妈的建议,趁着周末在家休息,她找出绘画的工具,凭着记忆中奶奶的模样,为奶奶画了一幅肖像画。

等到果果画完这幅画之后,妈妈对果果说:"果果,你可以把这幅遗像烧掉,一边烧一边对奶奶说一些你想说的话,这样奶奶有可能听到。""真的吗?"果果感到非常惊讶,她把给奶奶画的遗像烧掉了，一边烧一边诉说着自己对奶奶的思念。经历了这件事情之后，妈妈发现果果似乎没有那么排斥死亡了，而且整个人的精神状态也好多了。

很多孩子都不曾面对死亡，当死亡突如其来的时候，例如家中有亲人或者朋友去世，尤其是在这个人与孩子的感情很好的情况下，孩子就会受到强烈的情感刺激。他们会开始思考与死亡有关的问题。孩子既然不了解死亡，也不能接受死亡，他们就无法排遣对于死亡的各种情绪。在这种情况下，父母要引导孩子正确地面对死亡，可以采取各种有效的方式。事例中，妈妈所采用的方法就是非常好的，她让果果画出奶奶的遗像，再把遗像烧掉，对奶奶说一些知心的话，这样就让果果对奶奶的思念有了抒发的渠道。

除了因为亲人离世之后对于死亡开始思考之外，孩子随着不断成长，也会对生与死的问题进行更多的思考，所以父母要借助于各种机会告诉孩子死亡到底是什么，也让孩子更多地认知生命的真相。

当然，死亡带给人的未免是消极的影响。因为孩子年纪还小，所以他们并不能够完全凭着自己的力量深刻地了解死亡，那么，父母就要在生活中为孩子营造积极健康的生活氛围，也以各种方式告诉孩子生老病死是人生的自然规律，最重要的是要带着孩子一起去感受生活的幸福美好，这样孩子就不会总是关注死亡了。

第九章
孩子别害怕——帮助孩子战胜胆小的心理

生活中,在和孩子沟通的时候,父母不要动辄就把死亡挂在嘴边。孩子正如绽放的花骨朵,他们对人生充满了希望。如果孩子还很年幼,那么不能接受死亡是正常的。除非孩子亲身经历了亲人离世这件事情,父母没有必要过早地和孩子谈起死亡,否则会让孩子缺乏安全感。总而言之,只有适时适当地以恰当的方式与孩子谈起死亡,才能对孩子起到更好的引导作用。

第十章
习惯造就生活——纠正孩子的不良行为习惯

有人说性格决定命运,有人说习惯决定命运。其实习惯成自然,如果我们拥有良好的习惯,那么在生活中自然就能做出更好的表现。如果孩子形成了不良的习惯,那么在生活中就会因此而遭遇各种阻力,甚至不能好好表现。所以父母要培养孩子的良好习惯,帮助孩子改正不良的行为习惯,这样孩子才能拥有更高品质的生活。

让孩子不再霸道

现代社会中,很多家庭里都只有一个孩子,独生子女的现象已经引起了社会的广泛关注。很多父母在管教孩子的过程中,会因为各种各样的原因对孩子骄纵宠溺,这就使得孩子变得越来越任性霸道、自私胡闹,他们还会从自我的角度出发考虑问题,不管面对什么事情,都以自我为中心,渐渐地给他人留下恶劣的印象,也影响了社会交往。

面对孩子任性霸道的行为表现,父母们往往感到无奈。例如父母带着孩子去商场里,孩子看上了一件玩具,央求父母给他买。如果父母不能满足孩子的欲望,孩子马上就会坐在地上哭闹打滚。为了让孩子不再这样胡搅蛮缠,也为了维护自己的面子,父母只好无奈地向孩子妥协,满足了孩子的要求。殊不知,这样一次又一次地对孩子妥协,会让孩子变得更加任性霸道,他们因此而掌握了和父母谈条件的杀手锏,让父母大伤脑筋。

通常情况下,孩子之所以任性霸道,有以下几个原因。

首先,在多子女家庭中,排行老大的子女往往会表现得更霸道,这是因为他们都已经习惯了独享父母的爱,也习惯了占有家里所有的优质资源,所以渐渐地形成了定势思维,觉得自己应该处处都占据优势,而不愿与其他的兄弟姐妹分享。在独

第十章
习惯造就生活——纠正孩子的不良行为习惯

生子女家庭中,孩子则觉得自己应该独享一切,更加不愿与任何人分享。

其次,是孩子的性格原因导致的。在这个世界上,每个人都是与众不同的生命个体,尽管每个人看起来会有一定的相似程度,但实际上他们的内心是完全不同的,这也就决定了他们的行为表现差异非常大。有些孩子本身性格比较强势,所以他们会非常霸道;有些孩子本身性格比较弱势,那么就会处于逆来顺受的地位。

再次,如果父母在生活中是很霸道的,或者常常当着孩子的面表现出不讲道理的一面,那么就会给予孩子负面的影响。尤其是当父母对孩子也搞一言堂,喜欢命令和控制孩子的时候,孩子虽然看起来对父母表示服从,但其实他们在不知不觉间已经开始学习父母了。

最后,也就是最为常见的原因,那就是溺爱。有人说,溺爱是父母对孩子最大的伤害,所以溺爱很容易超出正常限度。父母固然要对孩子付出全心全意的爱,也要竭尽全力为孩子提供更好的成长条件,但是却不要对孩子纵容无度。在很多家庭里,孩子不管有什么要求和欲望,都能第一时间得到满足。长此以往,他们就不会认为父母是在为他们付出,而会认为父母对他们所做的一切都是理所当然的。他们非但不感恩父母,一旦有不如意的地方,还会抱怨和指责父母,这都会纵容孩子霸道的行为表现。

在孩子小时候，父母能够无怨无悔、全心全意地为孩子付出。随着孩子渐渐成长，当父母发现孩子不知道感恩父母，也不愿意回馈父母的时候，父母未免会感到心寒。这个时候，父母即使反思到孩子之所以任性霸道，很大一部分原因与自己密切相关时，也已经没有机会去改变什么了。所以父母要想改变孩子霸道的坏习惯，就应该从小反思教育的方式方法，也应该用心地观察孩子的行为表现，这样才能及时发现孩子霸道的苗头，也及时反省自己，从而第一时间就调整教育模式，改变教育方法。

为了让孩子不再任性霸道，父母还应该为孩子营造健康的成长环境。如果自己家只有一个孩子，那么孩子往往会很孤独很寂寞，他也会习惯于占有家庭中所有的资源。那么父母可以创造更多的条件，例如多多带着孩子去社交场合，让孩子结交更多的同龄人，或者是和孩子一起走亲访友，让孩子和亲戚朋友家的孩子在一起分享很多美好的东西。这样一来，孩子渐渐地就会学会感受他人的爱，也学会对他人付出爱，就不会再任性霸道，就能与他人之间建立良好的人际关系，乐于分享，乐于合作。

培养孩子按时吃早餐的好习惯

小杰最近正在减肥，他每天早上都不愿意吃早饭。前几次他不吃早饭，妈妈还会苦口婆心地劝说他，告诉他不吃早饭

第十章
习惯造就生活——纠正孩子的不良行为习惯

不利于上午听课,而且对身体健康有害,但是小杰对此充耳不闻。渐渐地,妈妈也就乐得无需早起做早饭了。

周三上午,最后一节课是体育课。在体育课上,老师对同学们进行了体能测试,让同学们跑步1000米。小杰在跑完步之后,突然脸色苍白地摔倒在地上,体育老师赶紧跑过来对他进行检查,发现他满头大汗。校医也第一时间赶到现场对小杰进行救治。经过一番检查之后,他们发现小杰并不是因为严重的疾病导致昏倒,而是因为身体太虚弱。这个时候,救护车也赶到了现场,小杰去了医院进行全面检查。等到检查结果出来的时候,小杰的爸爸妈妈也赶了过来。

医生对小杰的爸爸妈妈说:"孩子吃早饭了吗?"小杰妈妈摇摇头,医生说:"这么大的孩子身体消耗很大,尤其是上午还有体育课。他正是因为不吃早饭造成了低血糖,所以这次才会突然头晕,晕倒在地。"

尽管小杰只是因为低血糖晕倒,但是摔倒的后果还是很严重的。他的肘部和膝盖关节都磕破了,脸上也有一些擦伤。医生和老师都对小杰的爸爸妈妈说:"孩子早晨一定要吃早饭,不然整个上午学习的任务是很重的,有的时候又有体育课,因此不吃早饭既会影响身体健康,也不利于集中精神听课。如果孩子不愿意吃常规的早饭,也可以想办法给孩子做一些他爱吃的东西。孩子早餐可以吃得少一些,但是一定要吃,否则就会损害身体健康。"

正面管教，
帮孩子改正不良行为

　　每个父母都知道，孩子按时吃早餐是一个非常好的习惯，而且有利于孩子的身体健康。但是在现实生活中，很多孩子因为早晨起得太早，还很困倦，或者是因为没有吃早餐的习惯，所以不愿意吃早餐。也有的孩子还会觉得父母做的早餐不是色香味俱全，因而没有胃口，所以对吃早餐非常排斥。实际上，有专门的调查机构经过调查发现，和不吃早餐的孩子身体瘦弱，抵抗力差，学习不专注相比，那些坚持吃早餐的孩子都身体强壮，抵抗力很强，在学校课堂上的表现非常专注，所以才能取得更优秀的学习成绩。

　　当然，为孩子准备早餐不但是一件费力的事情，还是一件费心的事情。营养学专家认为，在一日三餐之中，早餐是最重要的，所以他们提出了早餐要吃饱，午餐要吃好，晚餐要吃少这个理念。由此可见，早餐不但要吃饱，更要吃好，还要做到营养均衡，能够供给孩子整个上午的能量消耗。具体来说，父母在为孩子准备早餐的时候，应该考虑到蛋白质、脂肪、维生素、淀粉类食物等的补充，这样孩子才能摄入全面而又均衡的营养。

　　有些父母比较喜欢睡懒觉，他们为孩子准备的早餐往往是一些便捷的食品，如面包、牛奶、饼干、火腿肠等。这些食品的营养含量是很低的，而且不能保证孩子一上午的能量供给。父母即使辛苦一些，也要早起半个小时，为孩子准备色香味俱全、营养均衡的早餐，这样才能让孩子拥有健康的身体。

　　有些父母曾经过过很苦的日子，他们觉得早餐只要有东西

第十章
习惯造就生活——纠正孩子的不良行为习惯

吃，就是一件非常幸福的事情。有些父母的经济条件比较好，他们会给孩子一些钱，让孩子在外面吃早餐。这些都会带来健康隐患。首先，早餐应该考虑到多样化。如果早餐总是老三样，那么孩子吃着吃着就会感到厌倦；如果总是让孩子出去吃早餐，那么孩子拿着钱，有可能给自己买早餐，也有可能把钱省下来买其他东西。另外，早餐摊点的卫生问题也是令人担忧的。

既然为人父母，我们就应该承担起相应的责任和义务。越是年幼的孩子，独立生活的能力越差，他们既不懂得营养搭配，也不知懂得讲究卫生，所以父母一定要为孩子提供优质的早餐，这样才是对孩子的成长负责。

培养孩子均衡饮食的好习惯

升入一年级之后，娜娜每天放学回家都会带回来很多剩菜。原来，学校虽然有食堂，但是食堂里并没有那么多餐具，所以孩子们都是自带餐具去学校的食堂里吃饭的。对于吃不完的饭菜，因为疫情的影响，为了保证干净卫生，所以食堂里并没有准备专门盛放剩饭剩菜的泔水桶，所以孩子们需要把饭菜带回家。这就使妈妈每天只要打开饭盒，就能看到娜娜在学校里吃了什么。娜娜回家的第一时间，妈妈就会为了娜娜洗刷饭盒，给饭盒消毒，也可以通过观察饭盒里剩饭剩菜的情况，了解娜娜吃饭的情况。

开学已经一个多月了,妈妈每天给娜娜洗饭盒的时候,都发现饭盒里剩下了很多菜和米饭,而且剩下的菜里大多数都是肉类食物。看来娜娜每天在学校只是吃了一些蔬菜和米饭,日久天长,娜娜的身体肯定会缺乏营养。

妈妈对娜娜说:"娜娜,你为什么不爱吃肉呢?"娜娜说:"学校里的肉都很硬,我咬不动。"妈妈恍然大悟,娜娜从小跟着姥姥一起长大,姥姥总是给娜娜做精细食物,这使得娜娜的咀嚼能力不是很强。

妈妈语重心长地对娜娜说:"但是现在你每天都要在学校吃饭,午饭是非常重要的一餐。如果你从来不吃任何肉类,你就会缺乏营养,就不能长得又高又壮了。"听了妈妈的话,娜娜也很担心,她说:"但是,我咬不动那些肉。"妈妈说:"你可以试着咬一咬,其他孩子也和你一样大,他们都能吃。你可以咬一小口耐心咀嚼,等到咽下去之后再吃下一口,你要相信你的牙齿是很锋利的。"

除了不喜欢吃肉之外呢,娜娜还不喜欢吃那些绿叶蔬菜,而更喜欢吃根茎类的食物。这一点妈妈也在有意识地纠正娜娜。经过妈妈一段时间的纠正之后,娜娜终于能够吃更多的饭菜了,看到娜娜饭盒里剩下的饭菜越来越少,妈妈欣慰极了。

很多孩子都有挑食的行为,这是因为他们只喜欢吃某种食物,或者是喜欢这种食物的质地和味道,或者是喜欢这种食物

第十章
习惯造就生活——纠正孩子的不良行为习惯

的口感,而对于那些自己不喜欢的食物,他们丝毫也不愿意接受,更不喜欢。这是因为他们不喜欢食物的口感、味道或者是质地。那么对于孩子挑食的表现,父母一定要及时纠正孩子,否则就会影响孩子的身体发育。

具体来说,孩子为什么会挑食呢?除了上述所说的不喜欢某种食物的口感、质地和味道之外,大多数孩子之所以挑食,与父母的饮食习惯是密切相关的。例如妈妈负责全家人的饮食起居,那么,妈妈在做饭的时候就会倾向于做自己喜欢吃的食物,甚至从来都不做那些自己不喜欢的吃的食物,更不会那些食物任何机会出现在家庭的餐桌上。在此过程中,孩子的饮食渐渐形成了偏好。

还有些孩子之所以挑食,是因为他们在进食某种食物的时候有过不愉快的经历,例如他们是被父母强迫着吃下某种食物的,或者他们吃了某种食物之后身体感到不适,这都会让他们对特定的食物敬而远之。

随着不断成长,孩子的心思也越来越缜密。当有一些孩子知道父母禁止他们挑食,或者得知父母想让他们吃某种食物的时候,还会以此来要挟父母,对父母提出一些不合理的条件,这种情况都有可能导致孩子出现偏食的情况。

孩子的成长需要各种各样的营养素。如果孩子出现偏食的情况,就无法摄入均衡充足的营养素,影响身体发育。那么当发现孩子偏食的时候,父母不要过于着急,也不要强求孩子必

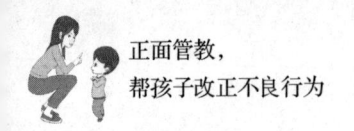

须吃某种食物，以免让孩子对这种食物更加反感。父母要有足够的耐心，花费更长的时间进行持久的努力，才能纠正孩子的不良饮食习惯。尤其要讲究方式方法，让孩子能够愉快地改变饮食的习惯，从而主动调整饮食结构。

如果孩子不喜欢吃胡萝卜，那么父母可以把胡萝卜做成孩子喜欢吃的形状，或者把胡萝卜糅合到肉丸之中，从而减弱胡萝卜的口感，让孩子渐渐地接受胡萝卜；如果孩子不喜欢吃青豆，那么父母可以把青豆打成泥，用青豆做一些更精致的食品，如用青豆泥做糕点。当孩子接受了青豆口味之后，他们渐渐地就能够接受青豆的形状或者是质地了。

在应对孩子挑食的情况时，父母不要试图改变食物的味道，有些父母会通过改变食物味道的方式来让孩子吃这种食物，其实，这样并不能达到帮助孩子纠正挑食坏习惯的目的。因为一旦食物的味道改变，孩子即使接受了食物，也依然不能接受食物的原味。父母可以通过改变食物的形状或者是色彩或者是质地的方式来循序渐进地帮助孩子接受某种食物，这样才能有效地纠正孩子偏食的习惯。

父母不要采取任何措施试图贿赂孩子。孩子吃饭是关系到他们身体健康的重要事情，当孩子尝试着接受某一种食物，或者是理性地摄入更充足的营养时，父母不要过于激动地表扬孩子，这会让孩子形成错误的心理认知。尤其需要避免的一个误区是，大多数父母在得知孩子不喜欢吃某种东西而特别喜欢吃

第十章
习惯造就生活——纠正孩子的不良行为习惯

另外一种食物的时候,就会刻意地做孩子喜欢吃的食物给孩子吃,这么做无形中就相当于强化了孩子的偏食行为,所以父母切勿再这样纵容孩子的挑食行为了。

如果孩子无论如何努力,都不能接受某一种食物,那么父母也不要强求孩子,以免给孩子造成心理上的压力,或者使孩子的心中留下阴影。很多食物都是有替代的,例如孩子不喜欢吃肉类,那么父母可以给他们吃一些富含蛋白质的食物,例如鱼虾或者是豆制品,这样孩子就能够摄入足够的铁质和蛋白质;例如孩子不喜欢吃菠菜,那么父母可以让孩子吃西兰花、芹菜、花椰菜等,这些食物同样富含丰富的维生素,也能够让孩子营养均衡。总而言之,吃饭应该是一件让孩子心情愉快的事情,父母一定要掌握正确的方式方法,而切勿让吃饭成为孩子的一场噩梦。

培养孩子正确的消费观

进入初中之后,皮皮每个星期都能从爸爸妈妈那里得到100元零花钱。这100元零花钱之中既有他在这个星期里吃午饭的钱,也有他的零花钱。总体来说,100元钱对于皮皮而言还是很可观的,所以皮皮非常开心,因为他终于有自己可以支配的钱了。

皮皮的爸爸小时候家境比较贫苦,他认为妈妈给皮皮100元钱吃午饭和零花是太多了,因而想让妈妈减少一些。但是妈妈

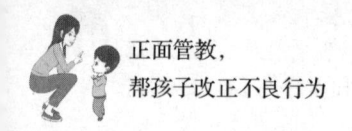

从小在城市里长大,她知道城市的消费很高,也希望皮皮中午在外面能够吃得更健康干净一些,所以妈妈坚持要给皮皮100元钱。最终,爸爸妈妈一起做了决定,即先观察一下皮皮最近几个星期会如何支配和消费这些钱,然后再决定最终给皮皮多少钱。

第一个星期,皮皮花钱还是很有收敛的,花到周末,他还剩下了30元钱呢。第二个星期,皮皮基本没剩钱。第三个星期才到星期四,皮皮就没钱了,他只得打电话跟妈妈要钱吃饭。妈妈这才意识到爸爸说得很对,孩子的自制力是有限的。妈妈当即对学校周围的一些商场和游乐场进行走访,大概知道了皮皮把这些钱花到了什么地方,所以决定要给皮皮定额零花钱,即每天都给皮皮吃饭的钱,而不再把一周的生活费都提前给皮皮。为此,妈妈去银行里换了很多零用钱,以5元、10元为主,也有少量的20元。

在第四个星期里,妈妈每天都给皮皮15元钱。因为天气比较热,皮皮有的时候想吃冷饮,但是却没有钱买,所以他常常抱怨。看来,把皮皮看管得这么死也不是解决问题的好方法。爸爸妈妈经过协商,最终决定恢复"周薪制",让皮皮每天都记账。如果他的消费很合理,那么妈妈会适当奖励他额外的零花钱;如果他的消费不合理,那么妈妈就会在第二周扣掉一部分零花钱,作为惩罚。这个主意听起来不错,皮皮当即就答应了妈妈的要求。

就这样又过去了两个星期,皮皮终于能够把钱花在该花的地方,也终于能够在每个星期100元钱的限额内把自己的生活安排得很好。

第十章
习惯造就生活——纠正孩子的不良行为习惯

很多父母都在纠结什么时候给孩子零花钱。其实，孩子在上了小学之后，就需要一定量的零花钱，因为如果身边的人都有零花钱，而孩子没有，他们就会感到自卑。此外，这个时候给孩子零花钱还有利于培养孩子的理财意识。

很多父母因为担心孩子乱花钱，所以以杜绝给孩子零花钱的方式控制孩子，这是本末倒置的行为。因为父母即使不给孩子零花钱，也不能完全消除孩子对金钱的欲望，反而会使孩子以其他不合理的方式获得零花钱。与其逼着孩子剑走偏锋，还不如提前做好安排，让孩子学会掌控零花钱，这样孩子才能真正成为金钱的主宰。

对那些自我管理能力比较强的孩子，父母可以以每周或者是每个月为单位给孩子零花钱；对于那些花钱无度的孩子，父母可以以天为单位给他们零花钱。当然，孩子毕竟还是孩子，他们不可能把每一分钱花到刀刃上，他们会有一些冲动消费，那么父母要引导孩子管理好零花钱，成为金钱的主人。

给孩子零花钱的时候，父母要把握好一个限度，既不要给孩子过多的零花钱，使家庭经济承受额外的负担，也不要给孩子过少的零花钱，让孩子没有钱消费。只要父母给的钱可以维持孩子正常合理的开销，那么这个钱的金额就是比较合适的。当然，父母也应该告诉孩子钱是得来不易的，借此机会培养孩子的金钱意识，让孩子树立正确的金钱观和消费观，这样孩子才能合理消费。

让孩子学会收拾

孩子并不是生而成才,每个孩子的成长都离不开父母的教育和引导。在家庭教育中,父母承担着教育主导者的角色,必须承担起教育孩子的重任。父母应该培养孩子各种良好的行为习惯,也应该努力地提升孩子的素质,这样孩子才能成人成才。在对孩子寄予厚望的同时,父母还要注重培养孩子在生活的诸多细节方面形成良好的习惯,从而让孩子拥有更加秩序井然的人生。

古人云,一屋不扫,何以扫天下?只有把自己的家收拾得干净整洁,孩子将来才可能真正有出息。在家庭生活中,作为家庭整体的一员,父母应该从自我做起,严格要求自己,把家收拾得干净清爽,为孩子营造良好的成长环境,这样孩子才能习惯成自然,也爱上收拾。

说起让孩子收拾房间这个话题,很多父母都怨声载道。尤其是作为妈妈,在家庭生活中承担着大多数的家务劳动,所以她们对孩子随手乱放东西,把房间弄得乱七八糟等行为表现都深恶痛绝。有的时候,孩子把一些东西乱丢乱放,到了用的时候却急得团团乱转,根本找不到东西。这个时候,孩子就会质问妈妈把东西放在哪里了,由此与妈妈发生冲突。

对于妈妈而言,一直跟在孩子身后收拾东西显然不是长久之计。其实,年纪很小的孩子就能够养成收拾的好习惯。例如

第十章
习惯造就生活——纠正孩子的不良行为习惯

一两岁的孩子可以把他们玩过的玩具放回原来的地方。虽然看起来这是一件很简单很容易的事情，但是这却是习惯的力量在发挥作用。孩子如果能够做到自主地收拾玩具，那么随着渐渐长大，他们就会自主地收拾自己的房间。

现代社会中，大多数父母都望子成龙，望女成凤，他们更重视开发孩子的智力，更注重培养孩子良好的学习习惯，希望孩子考取优异的学习成绩，但是他们却忽略了应该培养孩子生活方面的很多行为习惯，也忽略了教养孩子的诸多细节。

有的时候，即使孩子主动要求做一些与生活有关的事情，父母也会因为这些事情会浪费孩子的时间和精力，却与学习无关，而坚决禁止或者拒绝孩子去做。这是因为父母把孩子的成长看得太过片面和单薄了。其实，孩子的成长是一个立体的呈现，孩子在每个方面的表现都是密切相关的。如果孩子已经进入了初中或者高中开始学习，却依然要靠父母照顾他们，才能满足自己的吃喝拉撒等生理需求，那么可以说他们是高分低能，或者是低分低能。

以收拾和做家务为例。如果孩子能够主动地把自己的房间收拾得干净清爽，也能够主动为父母承担一些家务劳动，那么他们在学习上就不会偷懒。反之，如果孩子懒惰到连自己的床铺都不愿意收拾，那么他们在学习上又会怎么主动呢？学校里不仅是孩子学习的地方，也经常会组织集体劳动，例如每个星期都会有大扫除，那么孩子如果不能在大扫除中做好自己的

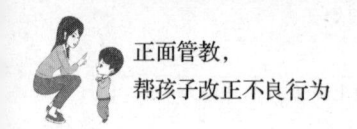

分内之事，就会引起同学们的不满，也会影响人际关系。所以父母一定要注重培养孩子的生活技能，让孩子能够主动地做家务，主动地收拾房间，主动地整理各种物品。父母只有早早地对孩子放手，不对孩子包办代替，孩子才能尽快地成长起来。

很多家庭主妇都有这样的体会，即家里乱糟糟的时候，自己的心里也会乱糟糟的，而当终于下定决心把家里收拾得干净清爽，也断舍离地扔掉了一些东西的时候，自己的内心就会更有秩序感。孩子也是如此。当孩子坐在干净整洁的书桌前时，他们学习的效率会大大提升；当孩子始终面对家里乱糟糟的环境时，他们做事情就会虎头蛇尾，甚至没头没尾，而且会缺乏责任感，效率低下。所以父母一定要知道教养孩子是需要面面俱到的，并且要主动地从我做起，才能给孩子起到良好的示范作用。

具体来说，父母要想让孩子学会收拾和整理自己的房间，保持个人卫生的干净清爽，就一定要做到以下几点。

首先，不同年龄段的孩子身心发展的特点是不同的，能力的发展水平也是不同的，所以父母在培养孩子整理东西的好习惯时，要根据孩子的年龄特点对孩子进行专项训练。例如对于一岁多的孩子，只要他们能把自己用过的尿不湿扔到垃圾桶里，就已经做得非常好了。但是对于十岁的孩子，他们应该能够把自己的床铺整理得很平整，让自己的书桌保持干净清爽，也要能够清洗贴身的衣物等。由此可见，父母在教育孩子的时候要做到因人而异，因年龄而异。

第十章
习惯造就生活——纠正孩子的不良行为习惯

其次，父母要为孩子营造干净整洁的家庭环境。很多父母本身都特别邋遢，家里总是乱七八糟的，东西满天飞。孩子从小在这样的环境中长大，他们怎么能够养成收拾东西，保持周围环境干净清爽的好习惯呢？在孩子小的时候，父母就应该和孩子一起坚持一个原则，那就是把用过的东西放回原处，这样才能始终保持家的干净清爽。

再次，父母可以为孩子提供一些收纳的工具。如今，很多收纳的工具都能帮助我们进行收纳，例如整理箱或者储物格等。这些东西对于整理物品都是非常有帮助的，在必要的情况下，父母可以为孩子购买这些工具。

最后，要做到赏罚分明。当孩子主动地保持房间干净清爽、整整齐齐时，父母应该慷慨地表扬孩子。必要的情况下，父母还可以向孩子学习如何收纳，让孩子获得成就感。如果孩子总是把东西到处乱放，从来不知道收拾和整理自己的房间，甚至连个人卫生都搞不好，那么父母就要坚决地对孩子说"不"，也要给予孩子适度的惩罚，这样孩子才能吸取教训。

生活中，每个人每天都会产生各种各样的垃圾，一定要及时丢掉这些垃圾，也要及时地把被我们弄乱的每一件物品放回原处。只有每天都维持家庭的卫生，家里才能够保持干净整洁，如果只靠着偶然一次心血来潮的大扫除，即使打扫得非常彻底，整个家也不能真正改头换面。

参考文献

[1]简·丹尼尔.十几岁孩子的正面管教[M].尹莉莉,译.北京:北京联合出版有限责任公司,2014.

[2]简·尼尔森.正面管教[M].王冰,译.北京:北京联合出版有限责任公司,2016.

[3]徐苑林.正面管教的技巧[M].北京:中国纺织出版社有限公司,2020.